Gerlinde Blahak

Kunst in allen Fächern – entdecken und gestalten

Materialien für einen kreativen Unterricht
in der Sekundarstufe I

Gedruckt auf umweltbewusst gefertigtem, chlorfrei gebleichtem
und alterungsbeständigem Papier.

1. Auflage. 2004
Nach der Neuregelung der deutschen Rechtschreibung
© by Persen Verlag GmbH, Horneburg
Alle Rechte vorbehalten
Das Werk und seine Teile sind urheberrechtlich geschützt. Jede Nutzung in anderen als den gesetzlich
zugelassenen Fällen bedarf der vorherigen schriftlichen Einwilligung des Verlages. Hinweis zu § 52 a UrhG:
Weder das Werk noch seine Teile dürfen ohne eine solche Einwilligung eingescannt und in ein Netzwerk
eingestellt werden. Dies gilt auch für Intranets von Schulen und sonstigen Bildungseinrichtungen.
Abbildungen: Autorin- und Verlagsarchiv
Satz: Fotosatz H. Buck, Kumhausen
Druck und Bindung: Ludwig Auer GmbH, Donauwörth
ISBN 3-89358-**683**-0

Inhalt

Vorwort 4

Die Themen:

1. Einband für Fachbücher und Mappen *(Wachsen)* 5

2. Barockes Portal *(Klappschnitt)* 8

3. Mona Lisa *(Verfremden)* 11

4. Auf historischem Boden: Meine Heimatstadt *(Collage/Mischtechnik)* 15

5. Wappen *(Collage mit Tonpapier)* 18

6. Alte Stadt *(Collage mit Papierabfall)* 23

7. Arcimboldo lässt grüßen *(Collage aus Prospekten)* 26

8. Indianisches *(Malen auf Packpapier)* 29

9. Ichtys – ΙΧΘΥΣ *(Op-Art)* 33

10. Capitalis *(Schrift-Bild)* 38

11. Antike Lockenköpfe *(Kerzenständer/Ton)* 42

12. Das Trojanische Pferd *(Wandbild)* 47

13. Antiker Hals- oder Kopfschmuck; für die Königin von Saba *(Pappkanten-Druck)* 53

14. Das Auge der Nofretete *(Zeichnen, Collage)* 57

15. Papyrus *(Lesezeichen/Karten)* 60

16. Fundgegenstände *(Assemblage/Fotografieren)* 63

17. Versteinertes Tier aus der Urzeit *(Décalcomanie)* 67

18. Zeitspirale *(Nass in Nass)* 71

19. Teppich à la nature *(Weben)* 74

Vorwort

Es ist nichts Neues, dass moderner, motivierender Unterricht unter anderem auch folgenden Prinzipien verpflichtet sein sollte:

Er ist
- handlungsorientiert,
- fächerübergreifend,
- projektorientiert.

All diesen Forderungen kommen die Intentionen des Kunstunterrichts in idealer Weise entgegen. Es ist aber auch eine Tatsache, dass die Vorbereitungen sehr zeitraubend sind und dass Lehrer oft große Scheu zeigen, sich auf das Terrain der Kunsterziehung vorzuwagen.

Dieses Buch soll nun Lehrerinnen und Lehrer **aller Fachrichtungen** ermutigen, sich des kreativen Potenzials ihrer Schüler zu bedienen. Es soll auch insbesondere Kunsterzieher anregen, bei der Motivwahl Themenkreise aus anderen Fächern heranzuziehen. Im Idealfall geschieht das in Kooperation mit dem jeweiligen Kollegen.

Die hier vorgestellten Ideen sollen dazu beitragen, Projekt-Tage und -Wochen spannend und vielseitig zu gestalten, Lernfelder abzurunden oder kreativ ausklingen zu lassen. Ebenso kann im Unterricht Erarbeitetes vertieft und angemessen präsentiert werden. Vieles könnte auch für Jugendgruppen bei Kreativtagen und Ähnlichem eingesetzt werden. Alle Projekte sind mit detaillierten Hinweisen versehen und können **in allen Altersgruppen und Klassenstufen der Sekundarstufe I** Verwendung finden. Das Bildmaterial zeigt, wie Endergebnisse aussehen könnten. Der angegebene Zeitaufwand bezieht sich auf die jeweiligen Kunsterziehungsstunden. Und natürlich wurden alle Projekte bereits erfolgreich im Unterricht erprobt!

Viel Erfolg mit den Ideen meines Buchs!

Gerlinde Blahak

1. Einband für Fachbücher und Mappen (Wachsen)

Inhalte und Ziele:

G/EK/D/BIO/etc.: Grober Überblick über den Stoff des Jahres
KU: Herstellen von individuellem Einbandpapier
Einbindetechnik
Befreiendes Verfahren

Zeitaufwand: 1–2 Doppelstunden

Material:

- Kräftiges Zeichenblock- oder Packpapier in ausreichender Größe für Schutzumschläge für das jeweilige Buch oder die Mappe
- Dicke Filzstifte oder Fasermaler in Schwarz
- Beliebiges Filzstift-Sortiment
- Malkasten, dünnere Pinsel
- Weiße Haushaltskerze
- Lappen zum Polieren

Verfahren:

- Arbeitsplatz mit Zeitungspapier abdecken (Filzstifte färben durch!).
- Beim Durchblättern der Bücher werden Motive und Abbildungen skizzenhaft auf den Papierbogen übernommen (Buchstaben, Münzen, Vasen, Säulen, Namen …). Ältere Schüler können ohne Vorzeichnung arbeiten, ungeübtere skizzieren mit Bleistift vor. In KEINEM Fall sollte abgepaust werden.

Weitere Hinweise:

- Den Bogen drehen.
- Füllen von Leerstellen mit kleineren Motiven, z. B. Hieroglyphen.
- Besonders eindrucksvolle Motive in die Mitte der linken oder rechten Blatthälfte platzieren (durch das Umknicken des Einbands gehen sonst Teile verloren).
- Motive können auch durch die Ränder abgeschnitten werden.
- Motive können in Kartuschen oder kleine Rahmen gesetzt werden.
- Motive sollten sich nicht überschneiden.
- Kleinere Motive können sich wiederholen.

- Die Bögen können nur mit Namen gefüllt werden. Dann empfehlen sich „krumme" Zeilen, die mit lockerer Schreibschrift gefüllt werden.
  Auch hier entstehen Binnenformen und Überschneidungen, die später ausgestaltet werden können.
- Dann werden die Umrisse mit schwarzem Filzstift nachgefahren (bei gewandteren Schülern auf die gestalterische Möglichkeit an- und abschwellender Linien, Linienverdoppelung … hinweisen).
- Die Motive werden mit Filzstiften oder Deckfarben ausgemalt.

  Hinweise:
  - Nicht alle Motive müssen bis zum Rand ausgemalt werden, es genügt auch Akzente zu setzen.
  - Es darf vom naturalistischen Farbschema abgewichen werden.
  - Besondere Effekte lassen sich durch Linienbündel, Zickzacklinien, Schraffuren usw. erzielen.

- Nun wird die gesamte Bildfläche mit einer Haushaltskerze eingerieben.
  Da der Arm rasch ermüdet, sollte man Pausen einlegen, in denen ein zweiter Bogen bearbeitet wird. Wird der Bogen gegen das Licht gehalten, kann man prüfen, ob alle Stellen gleichmäßig behandelt wurden.
- In kreisenden Bewegungen wird mit einem alten Lappen nachpoliert und das Wachs noch gleichmäßiger verteilt.
- Man bindet die Bücher wie gewohnt ein, verstärkt aber die Ecken mit Tesafilm oder passendem Tesa-Band.
- Diese kreativen Einbände können auch in allen Fächern analog eingesetzt werden (z. B. ENGLISCH: Lautschrift, false friends …).
- Dieses Thema kann auch „ganz schnellen" Schülern, die im Kunstunterricht eine Arbeit bereits beendet haben, als Zwischenaufgabe gestellt werden (siehe auch: Gerlinde Blahak: KUNST FÜR GANZ SCHNELLE, Verlag an der Ruhr, ISBN 3-86072-659-5).
- Rein grafische Lösungen können für die restlichen Schüler der Klasse problemlos kopiert und von ihnen weiter bearbeitet werden.

Pädagogisch-Didaktisches:

- Die Schüler verschaffen sich spielerisch auf der Suche nach Motiven einen groben Überblick über den Jahresstoff in Geschichte.
- Durch intensives Betrachten und Nachvollziehen einzelner Motive prägen sie sich diese ein, sodass sie später leichter abrufbar sind.
- Ein Einband, der mit Einsatz und Überlegung gestaltet wurde, regt zu einem sorgfältigeren Umgang mit diesen Büchern an.
- Durch das freie Übernehmen von Motiven entstehen sehr persönliche, spontane und auch witzige Ornamente.
- Jeder Schüler hat einen ganz individuellen Einband für sein Buch/seine Mappe.

2. Barockes Portal (Klappschnitt)

Inhalte und Ziele:

G: Die Zeit des Barock und Rokoko
MU: Musik des Barock
D: Dichtung des Barock
KU: Technik des Klappschnitts
Figur-Grund-Bezug
Barocker Formenreichtum und reduzierte Darstellung

Zeitaufwand: 2–3 Doppelstunden

Material:

- Weißes Papier DIN A 3 oder DIN A 4
- Schwarzes Tonpapier, das die Hälfte des gewählten Formats abdeckt
- Schere (eventuell Silhouettenschere)
- Klebestift
- Bleistift, Lineal

Verfahren:

- *Unterrichtsgang/Diabetrachtung* und Detailstudien barocker Architektur
- *Einführung* in die Technik des Klappschnitts mit Hilfe eines Probeblattes:
  Demonstration des Verfahrens am Tageslichtprojektor:
  Die Formen werden über eine PAPIERKANTE geklappt.
  a) Horizontale Klappung
  b) Kontern
- Erstellen eines *Entwurfes*:
  Das Skizzenblatt sollte der Größe der späteren Ausführung entsprechen. Es wird in zwei Hälften gefaltet. Der Entwurf wird nur in EINER Hälfte angelegt. Dabei sollte bereits berücksichtigt werden, was über die Mittellinie geklappt werden kann.
  Mit dickem Filzstift markiert man dann die Umrisse der auszuschneidenden Formen. Dabei wählt man am besten einfache, zusammenhängende Formen.
- *Ausführung*:
  – Auf dem weißen Papier wird mit Bleistift und Lineal eine „Mittelnaht" festgelegt (Klappkante!).
  – Auf dem schwarzen Tonpapier zeichnet man die äußerste Umrisslinie ein (siehe Entwurfsskizze!).

- Man schneidet entlang dieser Linie aus und KLAPPT die Negativ-Form über die Trennlinie und klebt sie sofort auf. Wichtig dabei ist, dass sich die Seitenkanten genau decken.
- Die Positivform wird mit Detailzeichnungen versehen und sukzessive von außen nach innen und von oben nach unten durch Klappen und Kontern bearbeitet.

Tipp:

- Das Ergebnis kann zur Gestaltung eines Jahresberichts oder einer Einladungskarte für ein Schulkonzert verwendet werden.
- Bei Verwendung und Klappung nur großer Formen bildet das Portal den Hintergrund auf einem Poster und es bleibt noch Platz für Texte.
- Andere Stilrichtungen (Gotik, Romanik, Kunst des Islam …) können ebenso, auch vergleichend, behandelt werden.

Pädagogisch-Didaktisches:

- Kenntnisse über eine besondere Stilrichtung werden gefestigt.
- Das Verfahren spricht auch den eher „rationelleren" Schülertyp an.
- Es werden Einsichten in die Reduzierung von Formen, Farben und die Wirkung der Symmetrie gewonnen.
- Durch das genaue Ausschneiden werden die feinmotorischen Fähigkeiten gefördert.

Beispiele für die Technik des Klappschnittes und des Konterns

3. Mona Lisa (Verfremden)

Inhalte und Ziele:

Malen nach vorgegebenem Umriss und aus der Fantasie

- **G:** Renaissance – das neue Bild vom Menschen
- **REL:** Reformation, Zeit des Umbruchs
- **D:** Bildbeschreibung
- **KU:** Leonardo da Vinci
  Porträt und Landschaftsmalerei
  Verfremden eines Bildes

Zeitaufwand: ca. 1 Doppelstunde

Material:

- Abbildungen von Kunstwerken der Renaissance
- Reproduktion der „Mona Lisa" (Geschichts- oder Kunstbuch)
- Kopien von Umrisszeichnungen der „Mona Lisa" (DIN A 4 – siehe S. 14)
- Malkasten, Pinsel
- Filzstifte, Bleistift, Holzstifte

Verfahren:

- *Kunstbetrachtung:* Neue Sicht der Welt und des Menschen in der Renaissance
- Die neuen Stilmittel werden anhand einer Abbildung der „Mona Lisa" herausgearbeitet.
- Lesen eines kleinen Textes (siehe S. 13)
- *Aufgabenstellung:*
  Die Strichzeichnung des Bildes der „Mona Lisa" wird farbig ausgearbeitet, wobei man sich möglichst nicht an die Farben des Originals halten sollte. Es darf auch im Stile der Pop-Art gestaltet werden.
  Gesicht und Hände bleiben weiß.
  Der Hintergrund wird, abweichend vom Original, mit Landschaftsformationen, Stadtansichten, Gegenständen gestaltet, die deutlich erkennen lassen, dass sie unserer heutigen Zeit entstammen.
  Es kann, nach Bleistiftvorzeichnung, mit allen zur Verfügung stehenden Malmitteln gearbeitet werden.

Tipp:

- Das fertige Bild der „Mona Lisa" kann ausgeschnitten werden und im Sinne eines Bildzitats, in eine größere Collage einmontiert werden.

- Es kann als Einladung zu einer kleinen fächerübergreifenden Ausstellung Kunst/Geschichte zum Thema „Humanismus und Renaissance" benützt werden.

- Während des Ausgestaltens kann man eine Textcollage anfertigen lassen:
  WARUM LÄCHELT DIE MONA LISA?
  Dazu wird ein DIN A 3-Blatt herumgereicht, auf dem jeder Schüler spontan Ideen aufschreibt. Die jeweils letzte Zeile wird umgeknickt und das letzte Wort nochmals an den Anfang der nächsten Zeile geschrieben. Der nächste Schüler versucht seine Antwort mit diesem neuen Wort am Satzanfang zu formulieren. Er sieht nicht, was bereits niedergeschrieben wurde. Zum Schluss werden die besten Ideen ausgewählt, nochmals mir dickem Filzstift auf ein Blatt geschrieben und zusammen mit den Bildern präsentiert.

Pädagogisch-Didaktisches:

- Stilmittel erkennen und sie bewusst verfremden macht den Schülern Spaß.

- Sie setzen sich inmitten einer Vielfalt von Werken der Renaissance mit EINEM Werk exemplarisch auseinander (nachhaltiger Lerneffekt!).

- Sie können sich, z.B. mit Sprechblasen, auf eine sehr „moderne" Art zu dem Bild äußern.

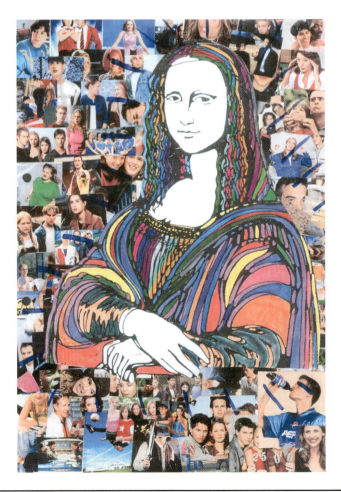

Die Geschichte zum Bild „Mona Lisa":

Der Anstreichergeselle Vincenzo Perrugia hatte leichtes Spiel, als er am Montag, dem 31. August 1911, um acht Uhr morgens die MONA LISA stahl und damit die gesamte westliche Welt in Aufruhr versetzte. Traditionellerweise war der Louvre an Montagen geschlossen und die auf nur zwölf Mann reduzierte Wachmannschaft hatte sich gerade zu einer Besprechung zurückgezogen. Perrugia, der zu einem Trupp von Arbeitern gehörte, der einige Räume des Louvre renovieren sollte, nahm das berühmteste Bild der Welt aus dem Rahmen und versteckte es unter seinem Mantel. Durch eine Tapetentür konnte er unentdeckt in ein Treppenhaus und von dort nach draußen gelangen. Über zwei Jahre blieb das Gemälde trotz intensiver Fahndung spurlos verschwunden. Im Laufe der Ermittlungen wurde auch der französische Dichter Guillaume Apollinaire verhaftet und für drei Tage ins Gefängnis gesteckt. Er hatte sich über das mangelhafte Sicherheitssystem des französischen Nationalmuseums mokiert und unter Freunden und Bekannten das sarkastische Bonmot verbreitet: „Ich gehe in den Louvre, benötigen Sie vielleicht irgend etwas?"

Monatelang versteckte Perrugia „seine" MONA LISA in einer Vorratskammer, dann bot er das Gemälde für 500 000 Franc einem florentinischen Kunsthändler an. Bei der Übergabe im Dezember 1931 wurde der Dieb festgenommen und später zu einer siebenmonatigen Gefängnisstrafe verurteilt.

Diese Kriminalgeschichte machte die MONA LISA noch bekannter, als sie ohnehin schon war. Ein weiterer Grund für die ungeheuere Beliebtheit dieses Meisterwerks sind die vielen Geheimnisse, die es in sich birgt. So ist nicht einmal sicher, wen Leonardo hier eigentlich porträtiert hat. Giorgio Vasari schrieb, es sei Lisa Gherardini („Monna Lisa" = Frau Lisa), die Frau des Kaufmanns Giocondo gewesen; daher die auch gebräuchliche Bezeichnung „Gioconda". Andere Biografen des „Mustermenschen der Menschheit" (Goethe über Leonardo) sehen in der Dargestellten eine Mätresse Guiliano de Medicis oder auch die Marquise von Mantua, Isabella d' Este. Am meisten wird noch über das Lächeln gerätselt, das damals entweder dem Verhaltenskodex edler Damen entsprach oder aber durch einen Clown in Leonardos Atelier hervorgerufen wurde, der die Porträtsitzungen erleichtern und böse Stimmungen vertreiben sollte – das jedenfalls behauptete Vasari.

4. Auf historischem Boden: Meine Heimatstadt (Collage/Mischtechnik)

Inhalte und Ziele:

G: Heimatkundlicher Bezug: eine (beliebige) Epoche als Abschnitt der Gesamtgeschichte der Stadt; ein Überblick über die historischen „Schichten"; Vor- oder Nachbreitung eines Museumsbesuchs

EK: Stadtentwicklung

D: Sagen aus dem Heimatraum/Geschichten schreiben

KU: Kreative Dokumentation
Collage-Technik
Strukturen und Ornamente – Ausgestaltung von Flächen

Zeitaufwand: 1–2 Doppelstunden

Material:

- DIN A 3-Kopien eines Arbeitsblattes mit der Strichzeichnung einer charakteristischen Stadtsilhouette und einem grob vorgegebenen Einteilungsschema
- Dicke und dünne Filzstifte
- Lineal, Klebestift, Schere
- Ein Sortiment von bebilderten Prospekten zur Stadtgeschichte, wie sie von Informationsbüros für Touristen kostenlos angeboten werden, oder Kopien der entsprechenden Abbildungen

Verfahren:

- Die kopierten Vorlagen werden ausgeteilt.
- Die Anzahl der historischen „Schichten" (Epochen), die bearbeitet werden sollen, wird festgelegt. Dabei können die Schichten verschieden dick sein. Die Trennungslinien werden als „bewegte" Linien frei Hand in unterschiedlicher Stärke gesetzt (siehe S. 17).
- In Frage kommende Bilder/Teile von Bildern werden auf ihre Zugehörigkeit zu einer bestimmten Epoche untersucht und gekennzeichnet.
- Dann wird das Collagematerial ausgeschnitten oder gerissen. Aus Platzgründen können auch nur Fragmente auftauchen. Reizvoll ist es noch, Reste des Untergrundes an den Abbildungen zu belassen und mit aufzukleben.
- Um diese collagierten Teile herum wird die freie Fläche der jeweiligen „Schicht" mit markanten, dichten Strukturen oder Ornamenten gefüllt. Dabei sollte entweder in nur einer Farbe pro Epoche oder in Schwarz (grafische Darstellungsweise) gearbeitet werden.
- In der Randleiste werden Jahreszahlen, Epochen etc. in der gleich Farbe gestaltet. Der Untergrund bleibt weiß.

- Zuletzt wird die Stadtsilhouette mit grafischen Strukturen oder farbig bearbeitet. Dabei sollte man nur schon verwendete Farben wieder aufgreifen, um die Kontinuität zu demonstrieren.
- Bei grafischen Lösungen können die Collageteile durch schwarze Umrandung hervorgehoben werden, falls kein hellerer Untergrund mit ausgeschnitten wurde.
- In den verbleibenden leeren Ecken neben der Stadtsilhouette ist noch Platz für Jahreszahlen, Stadtwappen, Schul-Logo, Name der Klasse, Signatur …

Tipp:

- Verkleinerte Kopien können problemlos in der Geschichtsmappe aufbewahrt werden.
- Ein Unterrichtsgang, bei dem die entsprechenden Orte/Abbildungen/Gegenstände aufgesucht und genau betrachtet werden, könnte im Anschluss erfolgen.
- Besonders gelungene Arbeiten sollte man beim Amt für Touristik und in der Presse präsentieren.
- Im Fach Deutsch könnte man eine Sage/ein Märchen erfinden lassen.

Pädagogisch-Didaktisches:

- Durch das zielgerichtete Durchblättern von Tourismus-Broschüren und Stadtführern wird der Blick für charakteristische Details geschärft und die Chance, mit dem Gefundenen auch langfristig etwas zu verbinden, wächst.
- Durch Strukturen werden Epochen kenntlich gemacht (Differenzierung, Zäsur).
- Durch die Vorgabe eines festen Schemas kommen auch schwächere Schüler gut zurecht.

Extra-Tipp:

Ein Porträt / eine Maske etc. nun zur Hälfte aufkleben und ergänzen lassen.

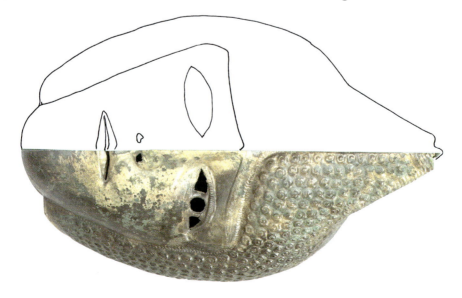

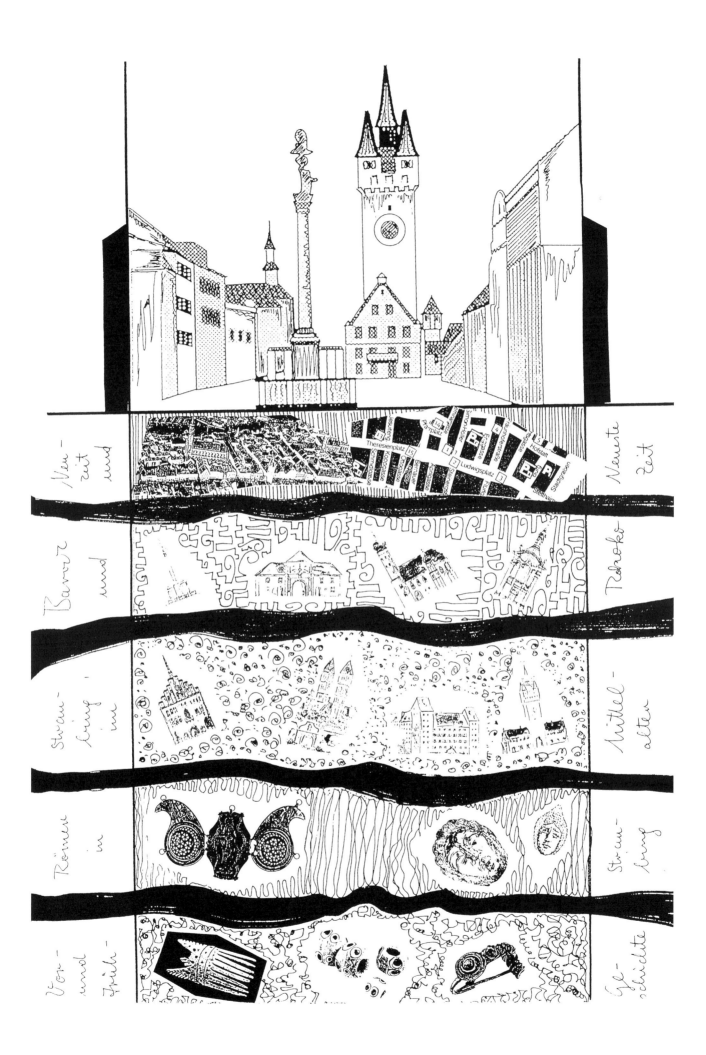

5. Wappen (Collage mit Tonpapier)

Inhalte und Ziele:

Entwurf eines Familienwappens

G: Ritterzeit, Kreuzzüge
Wappen als Kennzeichen im Kampf und von gesellschaftlicher Stellung

SK: Nationalwappen- und Flaggen

KU: Heraldik-Collage

Zeitaufwand: 2 Doppelstunden

Material:

- Entwurfpapier
- Fotokarton DIN A 4 als Bildträger
- Tonpapier und Tonpapierreste in Grau, Gelb, Rot, Ocker, Schwarz, Weiß davon mindestens eines in DIN A 5 (Wappengrund!)
- Schere, Klebestift
- Bleistift, Lineal
- Papierschneidegerät (z. B. Pro CUT 260)
- Filzstifte
- Arbeitsblätter mit verschiedenen Wappensymbolen (siehe S. 20 f.)
- Pauspapier
- Folien mit Abbildungen charakteristischer Wappen

Verfahren:

- Zunächst werden Abbildungen verschiedener Wappen betrachtet (Geschichtsbuch!). Ideal wäre ein Unterrichtsgang zu einer Kirche oder einem Friedhof und Skizzen vor Ort.
- Anhand der ausgeteilten Arbeitsblätter werden folgende Punkte besprochen:
Äußere Form des Wappens, Aufteilung des Wappengrundes, Symbole:
Löwe, Adler, Pflanzen, Himmelskörper u. Ä.
Technik des Durchpausens
- Dann sollte unbedingt der Hinweis erfolgen, dass man auch einige ganz persönliche Symbole gestalten kann. Dabei ist wiederum zu beachten, dass die Symbole nur in Umrissen und stark abstrahiert erscheinen sollen. Es ist auch ein Zusammensetzen aus geometrischen Formen möglich.

- Viele Flächen sollen symmetrisch sein, z. B. der Wappengrund, mit dem man auch beginnen sollte. Deshalb muss der Klappschnitt über eine gefaltete Kante demonstriert werden.
- Der Wappengrund wird unterteilt (mit Streifen aus anders farbigem Tonpapier: in Rauten, Kreise, Kreissegmente, Streifen, vertikal, horizontal, in zwei oder vier gleiche Felder).
- Weiterhin sind folgende Entscheidungen zu fällen: Soll schwarz auf weiß, rot auf gelb, weiß auf rot etc. gearbeitet werden?
  Welche Symbole sind zu wählen?
  Ist mein Wappen mit Symbolen überfrachtet?
  Hier sollte wieder ein Hinweis erfolgen, dass man sehr aufgelösten Flächen ruhige Zonen gegenüberstellt und dass vor allem nicht sofort aufgeklebt, sondern erst experimentiert werden sollte.
- Auch der äußerste Rand bietet noch Gestaltungsmöglichkeiten: Durch Unterlegen mit kontrastierendem Tonpapier wird er hervorgehoben, verbreitert, werden Rundungen betont …
- Diese Methode des Hervorhebens kann natürlich auch innerhalb des Wappens bei den Symbolen eingesetzt werden.
- Zum Schluss sollte das fertige Wappen auf jeden Fall auf ein Tonpapier in einer anderen („ruhigen") Farbe geklebt werden.

Tipp:

- Verlangen Sie eine kleine schriftliche Erläuterung der gewählten Symbole.
- Lassen Sie ein Schulwappen entwerfen.
- Bücher und Hefte können mit dem eigenen Wappen (als verkleinerte Kopie) versehen werden.
- Das Wappen kann als Vorlage für einen Holz- oder Linolschnitt dienen.
- Alle Wappen können zu einem großen Klassenbild montiert werden, mit dem Wappen des Heimatortes in der Mitte.

Pädagogisch-Didaktisches:

- Die Schüler erkennen bei Exkursionen Symbole wieder.
- Sie beschäftigen sich mit Traditionen und Herkunft ihrer Familien.
- Sie lernen einfaches Abstrahieren und den Umgang mit kontrastierenden Farbflächen.

1390	1390	1467	1485	1500	1530	1648
	1436	1444	1450	1450	1514	1524
1328	1430	1512	1520	XVI.	1560	1520
XIV.	1349 / 1500	XV.	1510	1520	1545	1580
1450	1457	1461	1470	1494	1525	1511
XIV.	XV.	1494	1510	1517	1570	1554
XIV.	1401	XV.	XVI.	XVI.	1528	1550
XV.	1470	1490 / 1505	1493	1495	1509	1509
1350	1470 / 1470	1470	1496	1497	1507	1526
XIV.	1438	1438	XV.	1504	1510	1550

6. Alte Stadt (Collage mit Papierabfall)

Inhalte und Ziele:

G: Städte im Mittelalter, Heimatstadt

EK: Siedlungsgeographie

KU: Collage – Malen mit Papier (beschränkte Palette)
Überschneidungen

Zeitaufwand: 2–3 Doppelstunden

Material:

- Braunes Packpapier (mindestens DIN A 3)
- Reste von Packpapier in anderen Farben
- (Gebrauchte) Briefumschläge in gedeckten Braun-, Grün- oder Rot-Tönen
- Rest von Tonpapier in Braun, Schwarz, Grau
- Weißes Papier
- Dünner Fotokarton (Reste) in den oben genannten Farben
- Klebestift
- Schere
- Skizzenblock, Bleistift
- Malkasten, Pinsel
- Abbildungen: Alte Stadtansichten

Verfahren:

- Besprechen der wesentlichen Elemente einer alten Stadt (Abbildungen) und zeichnerische Notizen auf einem Skizzenblock:
  - Formen der Hausdächer und Kirchentürme
  - Romanisches, Gotisches, Barockes
  - Kamine
  - Türen und Torbogen
  - Fenstergrößen und -formen
  - Mauerring
  - Welche Elemente passen NICHT in eine alte Stadt?

- *Collage-Technik:*
  Als Bildträger dient ein Stück (ockerfarbenes) Packpapier, das nicht zu klein sein sollte, damit auch feinere Details eingearbeitet werden können.

  Was am weitesten im Hintergrund liegt, muss zuerst gestaltet werden.

Man beginnt erst mit dem Kleben, wenn die hintersten 1–2 Häuserreihen nach Verschieben festgelegt sind. Dann werden Spitzen und Ecken leicht mit dem Bleistift auf dem Untergrund markiert, um sie nach dem Bestreichen mit Klebstoff wieder in die richtige Position zu bringen. Teile, die sich überlappen, werden mit einer Hand in der Mitte festgehalten und nur in den äußeren Bereich mit Kleber bestrichen.

Durch Überschneidungen beim Kleben entsteht Tiefenwirkung.

Symmetrisches wird durch Falten des Papierteils erstellt.

Hinweis: Es gibt auch leicht schräge und asymmetrische Häuser und Dächer. Fenster und Treppen sind NICHT alle gleich.

Manche Teile können gerissen oder mit gerissenen Stücken beklebt werden (Altersrisse, Schatteneffekte, Flickstellen …).

Die Stadtmauer wird als Letztes aus einem großen gerissenen Stück Packpapier angefertigt, dessen Oberkante nach vorne geklappt und nicht vollständig angeklebt wird (Plastizität!). Die „Mauer" kaschiert ungleichmäßig lange Häuserfronten und kann auch vor dem Aufkleben noch stark geknittert werden.

- Die Arbeit mit beschränkter Palette, hier mit gedeckten Braun-, Beige- und Ockertönen, bedeutet, dass man Zwischentöne auch selbst erstellen kann, indem man Packpapier mit dem Pinsel bearbeitet.
- Die Farben Weiß, Schwarz und Grau werden sparsam und eher zur Akzentuierung von Fenster- und Türöffnungen verwendet.

Tipp:

- Das Thema lässt sich auch auf eine moderne Industriestadt umlegen.
- Der Lehrer sollte im Vorfeld Info-Broschüren der betreffenden Stadt im Verkehrsamt in Klassenstärke besorgen.
- In manchen Museen gibt es Stadtmodelle zu besichtigen.
- Die Arbeit kann auch als Gemeinschaftsarbeit oder als Partnerarbeit gelöst werden.
- Schulfunk-Hörbilder oder Videos, die sich mit dem Leben in einer (alten) Stadt befassen, können die Arbeit unterbrechen oder sie begleiten.

Pädagogisch-Didaktisches:

- Die Schüler lernen den Gegensatz zwischen genormten „modernen" Häusern und der architektonischen Vielfalt einer gewachsenen Stadt kennen.
- Sie lernen mit einfachen, „billigen" Materialien zu arbeiten.
- Die Technik der Collage kommt auch zeichnerisch nicht so begabten Schülern entgegen.

7. Arcimboldo lässt grüßen (Collage aus Prospekten)

Inhalte und Ziele:

Collage – Stadtporträt

- **G:** Beliebige Themen zur Stadtgeschichte
- **EK:** Tourismus
- **KU:** Kunstbetrachtung (Arcimboldo)
  Technik der Collage

Zeitaufwand: 2 Doppelstunden

Material:

- Packpapier oder Tonpapier in gedeckten Farben (ca. DIN A 3)
- Klebstift
- Schere
- Malkasten, Pinsel, Filzstifte
- Eine Sammlung von Collagematerial zur Stadtgeschichte:
  z. B. Fotos, Schriftzüge, Stadtpläne, Abbildung von Bauten, Postkarten, Reklamezettel, Einladungen, Prospekte des Fremdenverkehrsamtes …
- Abbildungen von Werken Arcimboldos

Verfahren:

- *Bildbetrachtung* anhand von Dias und Postern („Der Sommer", „Der Bibliothekar" …)
  Eingehende Behandlung der Frage: WIE ist etwas dargestellt?
  Die verwendeten Einzelteile bleiben das, was sie sind, erhalten aber in der Gesamtwirkung eine zweite Bedeutung.

- *Arbeitsauftrag zum eigentlichen Thema:*
  Stellt mit den Mitteln der Collage Köpfe nach Arcimboldo zusammen. Verwendet dabei ausgewählte Teile des gesammelten Materials zur Stadtgeschichte. Findet einen geeigneten Namen für das Bild.

- *Besondere Hinweise:*
  Der Kopf kann frontal oder im Profil angelegt werden.
  Die Umrisslinie kann mit Bleistift vorher festgelegt werden.
  Mit den ausgeschnittenen/gerissenen Collage-Teilen soll vor dem endgültigen Aufkleben experimentiert werden.
  Einzelteile sollen nicht zu dominant sein.
  Es soll eine formale Ähnlichkeit zwischen Gegenstand und Gesichtsteil bestehen.
  Durch Übermalen und mehrfaches Überkleben kann allzu große Buntheit reduziert werden.

Das Ausmalen von Zwischenräumen gibt Dichte und Prägnanz.
Bildteile (z. B. Augen, Nase, Mund), die für die Gesamtwirkung wichtig sind, werden frei gestellt, eingerahmt, hervorgehoben.

Tipp:

- Durch Kopieren aller Vorlagen kann eine grafisch wirkende Collage gestaltet werden.
- Die Arbeiten könnten anlässlich eines Stadtjubiläums in einer Ausstellung präsentiert werden.

Pädagogisch-Didaktisches:

- Alltägliches erhält für die Schüler eine zweite, sogar witzige Bedeutung.
- Der Schüler lernt aus der Flut des angebotenen Materials auszuwählen und zu abstrahieren.
- Das „Malen mit der Schere" spricht Schüler sehr an.
- Die Schüler lernen zu experimentieren und keine allzu schnellen Entscheidungen zu treffen.

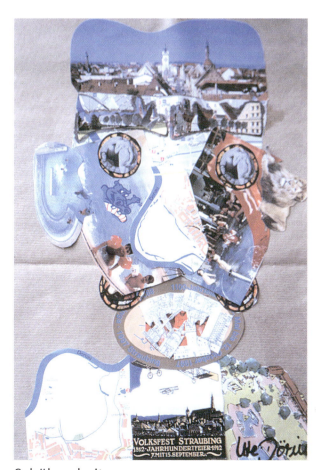

Schülerarbeit

Arcimboldo: „Der Bibliothekar", um 1566

8. Indianisches (Malen auf Packpapier)

Inhalte und Ziele:

Wandteppiche mit Tiermotiven

G: Die Ureinwohner Nordamerikas

EK: Indianer heute

ETH/REL: Urbevölkerung und ethnische Minderheiten und ihre Rechte

KU: Kunstbetrachtung: Tierdarstellungen bei den Indianern
Auflösung von Flächen durch Ornamente

Zeitaufwand: ca. 4 Doppelstunden

Material:

- Kopien indianischer Tierdarstellungen
- Skizzenpapier, Bleistift
- Packpapier DIN A 3 (am besten Natron-Kraftpapier 80/m)
- Mehrere DIN-A 2-Bogen schwarzes Tonpapier
- Schere, Klebestift
- Malkasten, Deckweiß
- Filzstifte in Braun und Schwarz
- Dünne Pinsel
- Dünne Schnüre, Stopfnadeln

Verfahren:

- Zunächst werden die vorbereiteten Folien/Kopien betrachtet und charakteristische Merkmale der indianischen Darstellungsweise notiert:
  – lineare Darstellung (keine Raumtiefe)
  – Reduktion auf wesentlichste Merkmale
  – fließende Außenlinien
  – Überlanges und Verkürztes
  – Aufteilung der Körperfläche in (häufig geometrische) Binnenflächen: Streifen, Dreiecke, Kreise, Punkte, Mäandermuster …
  – Naturfarben

- Dann erfolgt eine *Einführung zur praktischen Arbeit*. Es werden folgende gezielte Hinweise gegeben:
  – Es soll ein der indianischen Darstellungsweise nachempfundenes Tier gestaltet werden.
  – Das ganze Format des Blattes soll ausgenützt werden.

- Einzelnen Körperteile können entgegen der Realität verkleinert oder vergrößert werden.
- Die Binnendifferenzierung folgt der Umrisslinie und zeigt geometrische Muster.
- Die Farbpalette ist auf Erdtöne beschränkt: Braun, Schwarz, Grau + Deckweiß
- Die Konturen oder feinere Muster werden mit Filzstiften in entsprechenden Farben ausgeführt.
- Größere Farbflächen werden mit feinem Haarpinsel oder Borstenpinsel eingefärbt.
- Der Untergrund (braunes Packpapier) entzieht den Farben einen Teil ihrer Intensität. Deshalb sollte mit möglichst deckendem Farbauftrag gearbeitet werden.

- Zuletzt werden die einzelnen Arbeiten zu Wandteppichen zusammengefügt:
  - Dabei werden je 6 Bilder auf entsprechend größeres Tonpapier geklebt. Durch die beschränkte Farbwahl entsteht ein einheitlicher Gesamteindruck.
  - Die Ränder der „Teppiche" werden mit dem Pinsel mit passenden Mustern (z. B. Mäandermuster) versehen.
  - Aus braunem Packpapier schneiden die Schüler in ca. 15 cm breite Packpapierstreifen dünne Fransen, um sie an den Schmalseiten der „Teppiche" zu befestigen.
  - Zusätzlich können die Ränder auch in groben Stichen mit dünner Schnur umnäht werden.

- Die so entstandenen Teppiche kann man jetzt (versetzt) in beliebiger Anordnung an eine Klassenzimmerwand montieren.

Tipp:

- Während ruhiger Arbeitsphasen kann indianische Musik zur Untermalung gespielt werden, was den meditativen Charakter der Arbeit betont.
- Das Projekt kann durch Filmausschnitte (evtl. „Der mit dem Wolf tanzt" etc.) und eine Bücherkiste zum Lesen ergänzt werden.

Pädagogisch-Didaktisches:

- Es handelt sich hier um eine echte Gemeinschaftsarbeit, die jeden Schüler einbezieht. Am Ende des Schuljahres können die einzelnen Arbeiten wieder abgenommen und nach Hause mitgegeben werden.
- Durch die flächige Darstellungsweise kommen auch weniger geübte Schüler zu einem zufriedenstellenden Ergebnis.
- Die Beschäftigung mit indianischer Kunst eröffnet den Schülern einen anderen Zugang zur Welt der Indianer, abseits der üblichen Klischees.
- Die Aufgabe könnte auch einen Teil eines Projekts über Indianer bilden.

Weitere Hinweise zur Gestaltung von Wandbildern finden sich in: Gerlinde Blahak, Wandbilder mit der ganzen Klasse, Verlag an der Ruhr 2003, ISBN 3-86072-829-6.

9. Ichthys – ΙΧΘΥΣ (Op-Art)

Inhalte und Ziele:

Wortbild

G: Aufstieg des Christentums

REL./ETH: Christentum als Weltreligion

KU: Symbole
Wortbilder
OP-ART
Mosaiken

Zeitaufwand: 2 Doppelstunden

Material:

- Weißes Papier DIN A 3
- Schwarze Filzstifte in verschiedenen Strichstärken/Kugelschreiber
- Dünnere Pinsel, schwarze Deckfarbe
- Abbildungen frühchristlicher Mosaiken (Tierdarstellungen), z. B. aus Aquileia
- Abbildungen aus dem Bereich der OP-ART (z. B. Bridget Riley)

Verfahren:

- Zuerst werden Abbildungen frühchristlicher Mosaiken betrachtet und deren wesentlichen Merkmale herausgearbeitet:
Einfache Umrissformen, flächige Darstellungsweise, Muster
- Dann wird die Bedeutung des Symbols und Wortes ICHTHYS erklärt.
- In der Mitte des Blattes soll nun ein Fisch entworfen werden, in dessen Körper die griechischen Buchstaben (siehe oben) integriert sind. Der Entwurf wird mit Bleistift angelegt.
- Das Wortbild wird mit schwarzem Filzstift oder Kugelschreiber ausgestaltet. Die Ausführung soll linear ohne plastische Schraffuren erfolgen. Strukturen, Muster, an- und abschwellende Linien dienen der Binnendifferenzierung.
- Jetzt erfolgt ein erneuter kunstgeschichtlicher Exkurs:
Es werden Folien von Bildern in OP-ART gezeigt und anhand eines Bildes, z. B. von Bridget Riley (FALL), wird versucht die Intention dieses Bildes weiterzuführen.
- Auf einem Probeblatt wird mit Pinsel und/oder Filzstift experimentiert:
Eine kleinere Fläche soll im Sinne der OP-ART aufgelöst werden.
Dabei sollen sich Linien einander annähern und voneinander entfernen. Vorher gesetzte Wirbel oder schwarze Flecken („Astlöcher") werden eng oder weiträumig umfahren. Es soll keine Vorzeichnung angelegt werden!

- Nach diesem Einstieg in die Technik wird DIAGONAL entgegengesetzt zur Richtung des Fischkörpers ein Wellenband angelegt. Dabei sollte darauf geachtet werden, dass die jeweilige Linie unsichtbar unter dem Fischkörper weitergeführt wird und von einer Kante des Blattes zur anderen läuft. Auch hier sollte spontan und ohne Vorzeichnung gearbeitet werden. Der OP-ART-Bereich muss nicht den ganzen Hintergrund ausfüllen.

Tipp:

- Die Aufgabe könnte auch farbig gelöst werden. Hier wäre es sinnvoll mit beschränkter Palette arbeiten zu lassen.
- Als Hintergrund hat sich auch Packpapier oder Papyrus als reizvoll erwiesen.
- Das Wortbild ICHTHYS kann als Vorlage für die Gestaltung eines „Buttons" dienen. (Siehe Angebote der Werkverlage)

Pädagogisch-Didaktisches:

- Schrift wird als Ornament begriffen.
- Die Linie stellt sich als Flächen füllendes und optisch reizvolles Medium dar.
- Altes (Mosaik) wird mit Modernem (OP-ART) verzahnt.
- Die Klasse sammelt Erfahrungen und Anregungen für die Gestaltung künftiger Plakate und Poster.
- Der Schüler erfährt etwas über Symbole und ihren Gehalt.

10. Capitalis (Schrift-Bild)

Inhalte und Ziele:

G: Schriftliche Quellen aus der Römerzeit, z. B. Inschriften in einem Museum, Abbildungen im Geschichtsbuch (z. B. Trajanssäule in Rom)
Römische Namen und Zahlen

MATH: Der Goldene Schnitt

KU: Entwicklung der Schrift bis zur Capitalis
Schrift und Farbe = Schriftbild
Farbige und grafische Ausgestaltung von Binnenflächen

Zeitaufwand: 2 Doppelstunden

Material:

- Folien zur Entwicklung der Schrift
- Abbildungen römischer Inschriften
- Besonderheiten der Capitalis: Serifen, goldener Schnitt
- Kopien mit römischen Buchstaben zur weiteren Ausgestaltung
- Lineal, Buntstifte
- Dünner Filzstift

Verfahren:

Variante A:

- Auf dem kopierten Arbeitsblatt sollten die grundlegenden Konstruktionslinien für die einzelnen Buchstaben der Schrift noch zu sehen sein:
Quadrat, Innenkreis, Diagonale …
- Diese Teilformen werden durch farbiges Gestalten so hervorgehoben, dass der eigentliche Buchstabe wieder in den Hintergrund tritt.
- Besonderes Augenmerk sollte darauf gelegt werden, dass innerhalb der Flächen durch verschieden starkes Aufdrücken des Stiftes, Verwischen und Überlagerung von Farbschichten differenziertere Farbnuancen erzielt werden können.
- Da Buntstifte selbst, je nach Qualität, eine andere Farbintensität aufweisen, sollten die Schüler auch Stifte untereinander austauschen.
- Zum Schluss sollten die Schüler versuchen, ihren (Vor-) Namen in Capitalis zu schreiben und dabei auf die auf dem Arbeitsblatt vorgegebenen Proportionen zu achten. Diese Arbeit erfolgt auf einem gesonderten Blatt, evtl. in kleinerem Maßstab. Erst die gelungenen Versuche werden dem Schrift-Bild hinzugefügt.

Variante B:

- Es wird eine rein grafische Lösung angestrebt:
Durch Strukturen und Muster werden die Binnenflächen gestaltet. Es ist darauf zu achten, dass sich verschiedene Grauwerte ergeben und dass einzelne Teilflächen unbehandelt bleiben oder mit Schwarz ausgefüllt werden können.

Tipp:

- Serifen können mit einer Bandzugfeder gestaltet werden.
- In dieser Schrift lässt sich ein Aufkleber für (Geschichts) Bücher gestalten.
- Namen von Freunden können auf einer Geschenk-Schmuckkarte auf diese Weise ins rechte Licht gerückt werden.

Pädagogisch-Didaktisches:

- Die Schrift wird nicht nur als Medium der Mitteilung sondern auch als künstlerische Äußerung begriffen.
- Schülern, die gerne konstruieren, kommt die exakte Ausführung der Arbeit entgegen.
- Die Arbeit weckt Interesse für Museumsbesuche.
- Die römische (lateinische) Schrift stellt einen direkten Bezug zur Gegenwart her.

Ausführliche Beschreibung der Konstruktion der Buchstaben sowie Abbildungen römischer Inschriften. In: Hildegard Korger, Schrift und Schreiben, Drei Lilien Verlag, Wiesbaden 1994.

11. Antike Lockenköpfe (Kerzenständer/Ton)

Inhalte und Ziele:

Plastisches Gestalten eines Kerzenständers

G: Das Porträt bei den Griechen und Römern
   Alltag in Rom

KU: Dreidimensionales Gestalten mit Efa-Plast (Aufbautechnik)
    Antike Kopfporträts unter Berücksichtigung der Haarmode

Zeitaufwand: 4–5 Doppelstunden

Material:

- Bildbeispiele aus der griechischen und römischen Plastik

Pro Schüler:

- Ein Paket Efa-Plast (weiß)
- Kleine Plastikschneidebretter als Unterlage (damit lässt sich die Arbeit problemlos in eine große Plastiktüte schieben)
- 2 große Plastiktüten
- 1 kleine Plastiktüte (für Tonreste)
- Gabel, Messer, Nägel, Stöckchen, Zündhölzer … als Bearbeitungswerkzeuge
- Ein altes Geschirrtuch (zum Feuchthalten)
- Ein kleines Gitter (für das Trocknen von unten)
- Ein kleines Schraubglas oder Plastikgefäß (für das innere Gerüst)
- Ein Schraubdeckel in geeigneter Größe (als Untersatz für die Kerze)

Verfahren:

- *Einführung in das Thema:*
  - Zunächst werden charakteristische Abbildungen betrachtet.
  - Dann wird das Thema vorgestellt:
    Ein weiblicher oder männlicher Kopf soll gestaltet werden, eventuell mit Hals- und Schulterpartie, der als Halterung für eine Kerze dient.
    Dabei soll an die Lockenfülle und Frisurenmode der Antike angeknüpft werden.
- Abtasten des eigenen Kopfes unter Berücksichtigung der Frage:
  Was wird einer Grundform aufgesetzt? (Augapfel, Lider, Brauen, Nase, Lippen, Ohren u. Ä. …)
  Was wird in eine Grundform eingedrückt? (Augenhöhle, Mundspalte …)

- *Modellieren einer Kopfgrundform über einem Kern:*
  - Das Glas/der Plastikbehälter wird mit der Öffnung nach unten auf das Brett gesetzt (und verbleibt als Stütze in der Hohlform der Arbeit).
  - Die Verschlusskappe wird mit der Vertiefung nach oben mittels Holzleim auf dem Behälter befestigt.
- *Aufbautechnik:*
  Auf einer Plastiktüte werden Tonstreifen zu Würsten gerollt, mit Gabel oder Streichholz an den Nahtstellen „aufgeraut" und von unten nach oben um das Gefäß gelegt. Mit einem Zahnstocher werden die einzelnen Streifen „vernäht" und die Zwischenräume mit Schlickmasse verstrichen.
  Da beim Trocknungsvorgang mit einem etwa fünfprozentigen Schrumpfen der Masse gerechnet werden muss, wird man in den nächsten Stunden nochmals mit Wasser nacharbeiten müssen.
- An Stellen, die plastisch hervortreten sollen (Backenknochen, Kinn u. Ä.) wird sofort Tonmaterial aufgetragen
- *Anfertigen der Nase:*
  Aus einem flach gedrückten Stück Ton wird mit dem Messer ein Dreieck geschnitten. Die Ränder werden aufgekratzt und an den aufgerauten Stellen an der Grundform des Kopfes befestigt.
- Vertiefungen für Augenhöhlen und Mund werden in die Grundform eingedrückt (Daumen, Messer).
- Weitere Details werden erst angefügt, wenn die Grobform fertig ist.
  Wichtig: Brauen, Augäpfel, Lider, Lippen sollen additiv aufgebracht und nicht eingeritzt werden (Mit Schlicker „eindrehen"!)
- Man formt zuerst die Vorderseite des Kopfes, da man auf die hinteren Partien noch Gegendruck ausüben kann, ohne Details zu beschädigen.
- Zuletzt werden *Haarsträhnen* aufgesetzt:
  Dabei schneidet man Tonplatten in schmale Streifen, dreht sie zu Wülsten und formt mit der Gabel Lockenpartien.
  Die tiefer liegenden Haarstrukturen werden zuerst erarbeitet.
  Man sollte auch Überlegungen zum Haaransatz anstellen (hohe/niedere Stirn!).
  Der Rand des Schraubdeckels wird mit Haarsträhnen kaschiert.
- Bis zur weiteren Bearbeitung in den folgenden Stunden bedeckt man die Kopfplastik mit einem feuchten Tuch und schiebt sie auf dem Brett in eine große Plastiktüte, die locker verschlossen wird.
- Tonreste verwahrt man in einem gesonderten Plastikbeutel.
- Der Kopf wird anschließend an der Luft getrocknet.

Tipp:

- Will man das Kerngerüst später herauslösen, muss ein Behälter gewählt werden, der sich nach oben verjüngt und der vor dem Aufbringen der Tonmasse mit Alu-Folie umwickelt werden muss.

- Tonreste kann man noch zu Schmuckperlen verarbeiten:
  Dabei werden Wülste zerschnitten, zu Kugel oder Würfeln geformt und mit einem Zahnstocher durchbohrt. Dann werden Muster eingeritzt. Nach dem Trocknen kann man sie farbig bemalen und auf einer Schnur zur Kette auffädeln.
- Man könnte anregen, das eigene Porträt einzuarbeiten.
- Ein Museumsbesuch (z. B Glyptothek in München) könnte dazu genützt werden Skizzen vor Ort zu machen.

Pädagogisch-Didaktisches:

- Diese Arbeit fördert die taktile und haptische Wahrnehmung in besonderem Maße.
- Frisuren werden als Körperschmuck begriffen.
- Man kann Vergleiche zwischen dem individuellen Ausdruck der Köpfe und genormten Gesichtern anregen (z. B. Robert T-Online, Comicfiguren …)
- Die Abbildungen im Geschichtsbuch sollten als Vorlage dienen.
- In seiner Funktion als Kerzenständer hat der „antike" Kopf für den Schüler auch einen ganz „praktischen" Wert.

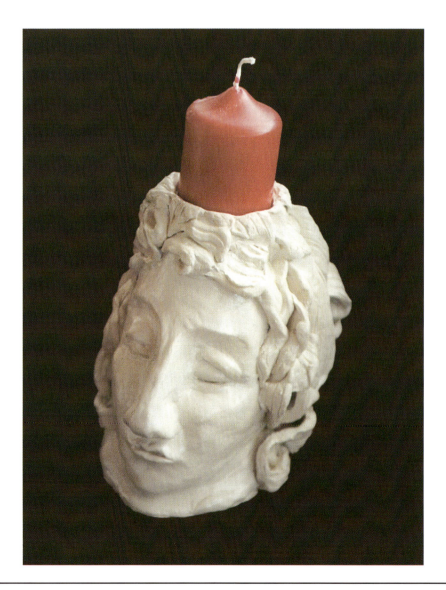

Broschüre für eine Ausstellung in Berlin mit antikem Lockenkopf

12. Das Trojanische Pferd (Wandbild)

Inhalte und Ziele:

Ein Wandbild für die ganze Klasse

- **G:** Einblick in die Welt der griechischen Mythologie
  Immanente Wiederholung: Götterwelt der Griechen
- **D:** Mythen und Sagen
- **KU:** Eine Gemeinschaftsarbeit erstellen
  Aussagen zum eigenen „ICH" machen
  Flächen mit Schrift und Strukturen füllen

Zeitaufwand: 3 Doppelstunden

Material:

- DIN-A 4-Blätter (z. B. Kopierpapier) in Klassenstärke
- Schwarze Filzstifte in verschiedenen Strichstärken
- Ein Sortiment anderer Filzstife
- Malkasten und Pinsel
- Lineal
- 1 (Pass-)Foto jeden Schülers
- Zeitungen zum Abdecken der Tische
- Stecknadeln, evtl. Tapetenbahn zum Aufhängen
- Reste von schwarzem Tonpapier
- Folien mit Darstellungen des Trojanischen Pferdes
- Ein kurzer Text über die Trojasage (siehe S. 49)

Verfahren:

Phase A:

- die Arbeitstische werden mit Zeitungspapier abgedeckt.
- Auf den DIN-A 4-Blättern wird ringsum ein ca. 2 cm breiter Rand abgemessen und mit Lineal und dickem Filzstift nachgezogen.
- Der so entstandene Rahmen wird nun mit einer dunklen Malkastenfarbe ausgemalt.
- Man klebt das Foto nun beliebig in das entstandene Rechteck und umrahmt es ebenfalls mit Schwarz.
- Mit dem Lineal zieht man jetzt beliebige Linien über die restliche Fläche.

- In die entstandenen Teilflächen werden Begriffe, Namen, Wünsche, Hobbys … geschrieben. Dabei sollen verschiedene Schrift-Typen benützt und die Wörter in die Teilfläche „eingepasst" werden.
- Nicht alle Felder werden beschriftet – ein Teil der Flächen wird auch mit bunten Strukturen und Ornamenten gefüllt oder bleibt unbearbeitet.
- Gelegentlich werden auch Begrenzungen (mit dem Lineal) verstärkt, verdoppelt …

Phase B:
- Es wird gemeinsam ein Text über den Trojanischen Krieg gelesen und, falls nicht im Geschichts- oder Deutsch-Unterricht behandelt, eine kleine Aktionsskizze erstellt (siehe S. 51).
- Die Schüler betrachten eine Darstellung des Trojanischen Pferdes.
- Die bereits vorgefertigten Bilder aus *Phase A* werden nach dem beigefügten Plan aufgelegt (für ca. 33 Schüler).
- Mit Stecknadeln wird nun das Bild an die Rückwand des Klassenzimmers oder auf einer entsprechenden Tapetenbahn befestigt.
- Räder, Auge und Ohr des Pferdes werden als einfache geometrische Formen aus Tonpapier ergänzt.

Tipps:

- Darstellungsweise und Inhalt der Arbeiten aus *Phase A* lassen sich beliebig abändern (je nach Fach und Klassenstufe).
- Die Begriffe können z. B. im Englischen verwendet werden, um einen Mitschüler zu beschreiben.
- Man könnte einen kurzen Filmausschnitt zum Thema zeigen (z. B. Die Fahrten des Odysseus …)

Pädagogisch-Didaktisches:

- Das Trojanische Pferd symbolisiert die unterschiedlichen Charaktere, aus denen sich die Klassengemeinschaft zusammensetzt.
- Das Wandbild stellt eine echte Gemeinschaftsarbeit dar, in der jeder Schüler sein Werk wiederfindet.
- Das Bild kann am Schuljahresende zerlegt werden und jeder Schüler nimmt seine Arbeit mit nach Hause.

Tipp:

- Vor Beginn der Arbeit eine geeignete Stelle an dem „Pferd" für Namens- und Klassenangabe reservieren. Diese Funktion könnte auch ein witziges Schild übernehmen (z. B. Auge). Natürlich kann auch der eigene Name in die Motive integriert werden.

Sage: Der Sturz Trojas

Gustav Schwab erzählt einen Teil der Ilias nach. Das ist eine der ältesten Abenteuererzählungen, die die Menschheit kennt. In ihr führen die Griechen Krieg gegen die Trojaner und gewinnen mit der im Folgenden beschriebenen List:

Schon zehn Jahre lang belagerten die Griechen Troja, des lanzenkundigen Königs Priamos wehrhafte Stadt. Doch selbst mit dem Mut ihrer größten Helden wollte es den tapferen Griechen nicht gelingen, das mauernumgürtete Troja einzunehmen.

(…) Lange grübelten die Griechen darüber nach, wie Troja durch einen ebenso klugen wie verschlagenen Streich zu erobern sei. Aber alles Nachdenken wollte nicht helfen, bis schließlich dem Odysseus ein genialer Plan einfiel:

„Lasst uns ein großes hölzernes Pferd zimmern, in dessen Bauch wir die edelsten Griechen verstecken wollen", schlug der listige König von Ithaka vor. „Die Masse unserer Streitmacht soll sich den Anschein geben, als wäre sie der Kampfhandlungen überdrüssig und zöge auf ihren Schiffen ab. Ein weiterer Mann, der den Trojanern unbekannt ist, soll sich als Überläufer ausgeben und ihnen über die Bewandtnis des hölzernen Pferdes ein Märchen auftischen. (…) Auch soll der vermeintliche Überläufer die Trojaner dazu bewegen, das Pferd in ihre Stadt zu ziehen. Nachts, wenn die Trojaner von der Feier ihres scheinbaren Sieges ausruhen, wollen wir dem Pferd entsteigen und unseren auf dem Meere wartenden Brüdern ein Zeichen geben, damit sie kehrt machen und mit uns den nichts ahnenden Trojanern in ihrer eigenen Stadt ein böses Erwachen bereiten."

Die anderen Griechen priesen den schlauen Plan des Odysseus, und schon bald war ein kunstvolles Pferd gezimmert, in dem die heldenmütigsten Griechen mit ihren furchtbaren Waffen Platz fanden. Der junge, kaum bekannte Sinon meldete sich freiwillig für die Rolle des Überläufers. Kaum war die Streitmacht der Griechen in See gestochen, da schwärmten auch schon die neugierig gewordenen Trojaner aus ihrer Stadt. Sie bestaunten das kunstvolle Pferd, in dessen Bauch sich die verwegensten Helden der Griechen verborgen hielten. Auch der Sinon ward ergriffen und erzählte ganz nach dem Plan des listenreichen Odysseus seinen Häschern, dass die Griechen zermürbt abgesegelt seien (…)

Den Warnungen der Seherin Kassandra zum Trotz zogen die Trojaner das hölzerne Pferd, das schließlich den Untergang Trojas bedeuten sollte, in die Stadt.

(Nacherzählt aus Gustav Schwab: Die schönsten Sagen des klassischen Altertums. Wien: Tosa-Verlag)

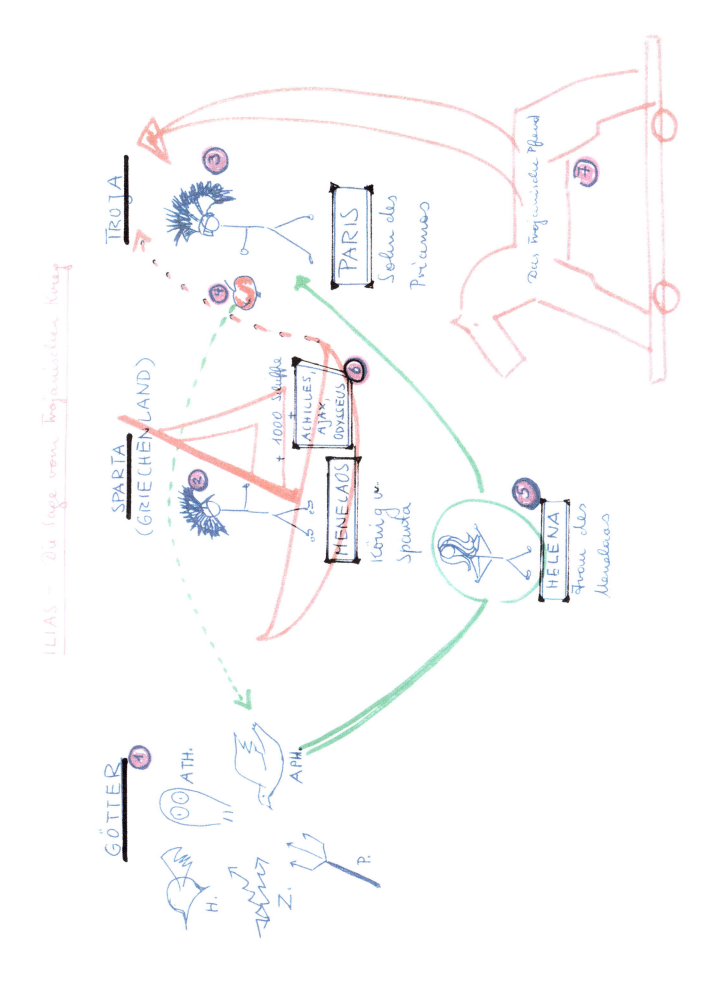

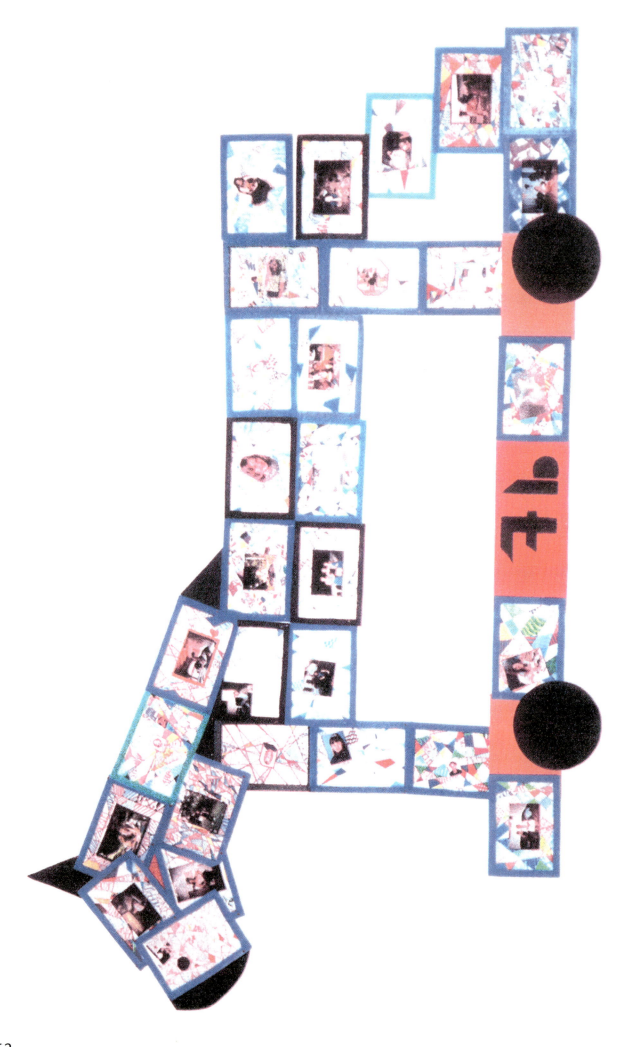

13. Antiker Hals- oder Kopfschmuck; für die Königin von Saba (Pappkanten-Druck)

Inhalte und Ziele:

Experimentelles Drucken mit Falzkantstempeln

G: Troja – Sage und Wirklichkeit
Homer und Schliemann
Die Leistungen der Archäologie

REL/ETH: Weltreligionen – Judentum/Die Bibel

KU: Technik des Falzkantdrucks
Einblicke in den Bereich SCHMUCKDESIGN
Schmuck und Farbe

Zeitaufwand: 2 Doppelstunden

Material:

- Reste unterschiedlich dicker Pappe, Wellpappe
- Papier DIN A 3
- Malkasten, Pinsel
- Abbildungen des Troja-Schatzes (Schatz des Priamos) und relevante Texte und Bilder

Verfahren:

- Experimentieren mit Falzkantstempeln:
  Pappe umbiegen, sodass eine breite Knickkante entsteht, Wellpappe mit der löcherigen Kante zum Drucken benutzen.
- Kanten einpinseln, auf Probepapier abdrucken:
  Linienbündel, Linienreihen, Überschneidungen, Drehungen um einen fest liegenden Punkt, geknickte Kante als V- und Z-Formen.
- Erproben von Farbqualitäten durch mehrmaliges Abdrucken, Überdrucken und Verwischen.
- Erstellen einer kleinen Farbskizzen für das gewählte Schmuckstück.
- Drucken OHNE Vorzeichnung
  Besonders ist darauf zu achten, dass nicht zuerst die Umrisse gedruckt werden, die man dann „auffüllt". Es muss die Form und Farbfläche unmittelbar durch Aneinandersetzen von Farbspuren, Verwischen etc. entstehen.
- Die Farbe so pastos wie möglich auftragen.

Tipp:

- Arbeiten mit beschränkter Palette (z. B. Komplementärfarben und Schwarz).
- Auf Symmetrie achten oder den Kopfschmuck in Seitenansicht darstellen.
- Eventuell (sparsam) mit Plaka-Gold akzentuieren.

Pädagogisch-Didaktisches:

- Persönlicher Fantasie und eigenem Geschmack wird Raum gegeben.
- Künstlerische Prozesse können auch mit einfachen „Werkzeugen" in Gang gebracht werden.
- Durch das genaue Betrachten von Vorlagen werden Einsichten in die Welt der Antike gewonnen.

56

14. Das Auge der Nofretete (Zeichnen, Collage)

Inhalte und Ziele:

G: Ägyptische Kunst
Hieroglyphen

D: Mythen und Sagen aus dem Alten Ägypten

EK: Ägypten – Land am Nil

KU: Kunstbetrachtung (Porträtbüste der Nofretete)
Kommunikation damals und heute
Verbindung von Schrift, Collage, Zeichnung

Zeitaufwand: 2 Doppelstunden

Material:

- Weiße Blätter DIN A 3 (Zeichenblock) und DIN A 4
- Reste von schwarzem Tonpapier (DIN A 4)
- Schwarze Filzstifte in verschiedenen Strichstärken
- Reklamezettel, Werbungsseiten aus Illustrierten
- Schere, Klebestift, Lineal
- Abbildungen der Porträtbüste der Nofretete (Geschichtsbuch)
- Übersicht über die Hieroglyphen und ihrer Bedeutung

Verfahren:

- Ein DIN-A 3-Blatt wird aus dem Block gelöst und so zur Mitte hin gefaltet, dass zwei gleich große Klappen entstehen.

- *Zeichnen:*
Nach einem eingehenden Betrachten der Porträtbüste wird auf der Außenseite der Klappen über die aneinander stoßenden Kanten hinweg ein stark vergrößertes Auge der Nofretete skizziert und mit dickem schwarzem Filzstift nachgezogen. Eine weitere Möglichkeit wäre das Aufkleben einer Kopie, die an der Stoßkante zerschnitten wird.

  Dann wird eine der Klappen geöffnet und auf dem darunter liegenden Mittelteil das Auge ergänzt. Verfährt man mit der zweiten Klappe genauso, gehen die beiden Augenhälften beim Auf- und Zuklappen nahtlos ineinander über. Soll es schnell gehen, kann auch hier der Effekt durch ein passgenaues Kleben einer Kopie erreicht werden.

- Um zu verhindern, dass die Filzstiftzeichnung auf der Rückseite des Blattes durchschlägt, und um später größere Standfestigkeit zu gewährleisten, wird die Rückseite der Klappen mit je einem halbierten DIN-A 4-Blatt beklebt.

- *Collage:*
  - Zeitungen und Reklamezettel werden nach geeignetem Abbildungen und Wörtern durchgesehen. Es soll eine Auswahl an treffenden, witzigen, skurrilen Ausschnitten zur Verfügung stehen, die jedoch noch nicht aufgeklebt werden.
  - Scharzes Tonpapier wird in annähernd gleich breite Streifen geschnitten, die strahlenförmig um das Auge in der Mitte angeordnet werden. Überstehende Teile werden erst nach dem Kleben abgeschnitten.
  - Auf diese „Strahlen" setzt man jetzt Wörter und Begriffe aus der Werbewelt. Man fixiert erst, wenn alle Begriffe ausgewählt und geordnet sind. Bei älteren Schülern könnte so auch eine witzige Text-Collage entstehen.
  - Als Letztes werden Abbildungen von Gegenständen aufgeklebt, die die Strahlen teilweise überlappen können. Hier sollte besonders Ironisierendes, Verfremdendes, Surreales gewählt werden.
  - Mit dem Lineal und dem stumpfen Teil der Schere zieht man die Falzkanten nochmals nach und klappt das Bild zu.
- *Schrift:*
  Auf der Vorderseite der Klapptüren wird oben und unten ein ca. 5 cm breiter Rand abgemessen. Die so entstandenen Streifen teilt man in je 6 gleich große Rechtecke ein. Die Ränder werden mit dickem Filzstift nachgezogen.
  In die entstandenen Kästchen werden mit Fineliner Hieroglyphen nach einer Vorlage gezeichnet.
- *Kontrolle:*
  Bei halbseitigem Öffnen erscheint das Auge als fortlaufendes Ganzes. Durch die Verstärkung der Klappenteile kann die Arbeit auch aufgestellt präsentiert werden.

Tipp:

- Die große Klappkarte kann als besondere Glückwunschkarte gestaltet werden. Dabei richtet sich die Auswahl der Wörter und Begriffe nach dem jeweiligen Anlass.
- Extra-Aufgabe: Die Geschichte des Steins von Rosette lesen und den eigenen Namen in Hieroglyphenschrift einarbeiten.

Pädagogisch-Didaktisches:

- Die Schüler untersuchen die Welt der Werbung genauer und setzen sich mit ihrem Aufforderungscharakter auseinander.
- Die ägyptische Bilderschrift steht in reizvollem Gegensatz zu unserer heutigen Druckschrift.
- Das Experimentieren mit Überraschendem und Skurrilem motiviert Schüler.

Hieroglyphen-Alphabet: siehe S. 61

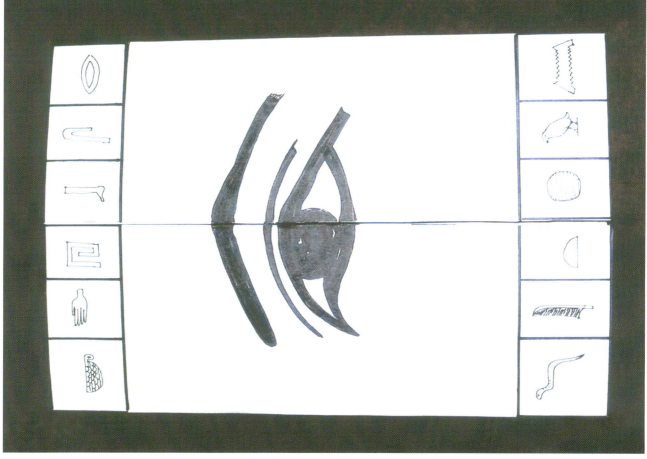

15. Papyrus (Lesezeichen/Karten)

Inhalte und Ziele:

EK: Ägypten, Nil

G: Hieroglyphen, Papyrusherstellung

BIO: Schilfrohr

Rel/Eth: Bibelfragmente, Palimpseste

D: Gedichte gestalten

KU: Schreiben mit Rohrfeder auf Papyrus

Zeitaufwand: 2 Doppelstunden

Material:

- Papyrus (Angebot der Werkverlage)
- Schwarze Tusche
- Rohrfedern (evtl. aus dünnem Bambus geschnitten) oder dünner Pinsel (Tracer)
- Vorlagen: Hieroglyphen und ihre Bedeutung
  Der Stein von Rosette
- Klappkarten oder Tonpapier in Schwarz, Braun, Beige
- Skizzenblock, Bleistift

Verfahren:

- Der Papyrus wird in schmale Streifen oder Rechtecke geschnitten oder gerissen.
- Dann wird er auf das entsprechende Tonpapier oder die Klappkarte geklebt.
- Auf einem Skizzenblock werden Entwürfe in Hieroglyphen-Schrift gemacht:
  Der Name des Zu-Beschenkenden, der eigene Name, Initialen, Symbole wie Skarabäus, das Lebenszeichen …
  Man setzt sie eventuell in eine Kartusche (Umrandung).
  Bei der Verwendung von Hieroglyphen ist zu beachten, dass die Lese- und Schreibrichtung von rechts nach links verläuft, wenn das beigefügte Alphabet verwendet wird. Grundsätzlich gilt, dass die Tierzeichen immer zum Zeilenanfang blicken, sodass damit die Lese- und Schreibrichtung festgelegt wird. Kleine Schriftzeichen können auch übereinander platziert werden, wobei das Zeichen, das zuerst gelesen werden soll, oben steht. Eine männliche bzw. weibliche Figur am Namensende deutet an, dass es sich um einen Mann oder eine Frau handelt.
- Mit Rohrfeder und schwarzer Tusche werden nun zuerst Schreibversuche unternommen: kurze, lange Striche, Punkte, Tupfen, Schwünge …

- Erst wenn die Schüler mit der Technik einigermaßen sicher umgehen können, wird das gewählte Motiv auf das Papyrus-Stück übertragen (Vorzeichnung mit Bleistift).
- In der Praxis hat sich die Ausgestaltung mit Finelinern (z. B. Stabilo) bewährt, da Klecksen und Verlaufen ausgeschlossen sind.

Tipp:

- Man könnte Kuverts in dazu passenden Farben/Hüllen herstellen (siehe: KUNST FÜR GANZ SCHNELLE, Verlag an der Ruhr).
- Papyrus-Reste sollte man als wertvolle Verzierungen für einen größeren Rahmen zur Präsentation eines Themas zurückbehalten.
- Allzu fasrige Buchstabenränder kann man mit schwarzem Fineliner begradigen.

Pädagogisch-Didaktisches:

- Die Schüler bekommen ein Gefühl für Naturmaterialien und natürliche Schreibutensilien.
- Sie begreifen die Buchstaben als Bildzeichen und Ornament.
- Verschlüsseltes und Geheimbotschaften üben große Faszination aus.
- Etwas, das im Unterricht entstanden ist, kann als persönliches Geschenk genutzt werden.

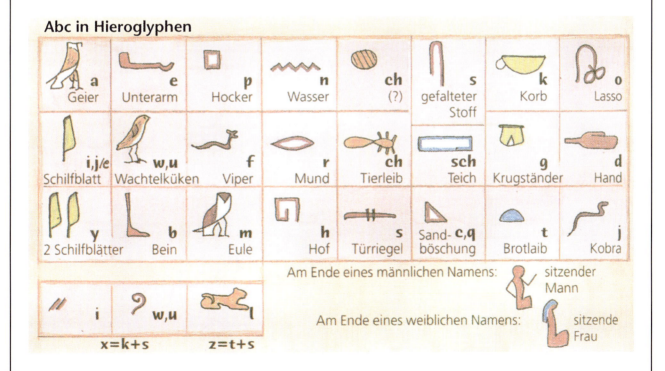

16. Fundgegenstände (Assemblage/Fotografieren)

Inhalte und Ziele:

Gruppenarbeit

Ein Mensch, der zu Beginn der Neuzeit (1492) lebt, wird durch eine Zeitmaschine in unser Jahrhundert versetzt. Welche „erstaunlichen" Dinge findet er in deinem Umfeld?

G: Erfindungen und Entdeckungen zu Beginn der Neuzeit

PH: Der Anfang der Naturwissenschaften

KU: Visuelle Kommunikation – Fotografie
Die Bedeutung des Alltäglichen:
Pop-Künstler
Stillleben und Assemblage

Zeitaufwand: 1–2 Doppelstunden

Material:

- Abbildungen von relevanten Kunstwerken (z. B. Warhol, Oldenbourg ...)
- Gegenstände aus dem Umfeld der Schüler
- Einfacher Fotoapparat mit Zoom
- Fotokarton DIN A 2 (weiß)
- Tonpapierreste in Rot, Blau, Gelb
- Klebestift

Verfahren:

- Betrachtung von einschlägigen Werken der Popkunst
  Auflistung der Errungenschaften zu Beginn der Neuzeit
  Erstellen einer Tabelle von alltäglichen Gegenständen, die einen Menschen des 15. Jahrhunderts in Erstaunen versetzen würden
- Einteilung der Klasse in Gruppen (ca. 4 Schüler pro Gruppe)
- *Aufgabenstellung:*
  Entscheidet euch für eine der Grundfarben.
  Tragt Dinge des Alltags zusammen, die im Wesentlichen von dieser Farbe geprägt sind.
  Wählt geeignete, d. h. „moderne" Gegenstände aus.
  Arrangiert sie auf einem Untergrund/vor einem Hintergrund, der in deutlichem Farbkontrast dazu steht (Decken, Sofas, Tücher, Kleidungsstücke u. Ä.).
  Fotografiert diese Assemblage aus verschiedenen Winkeln (von einem erhöhten Standpunkt aus, aus der Froschperspektive ...) und macht auch Detail-Aufnahmen.
- Die Fotos werden entwickelt und begutachtet.

- *Präsentation:*
  Jede Gruppe arrangiert ausgewählte Bilder auf einem weißen Fotokarton. Dabei werden die einzelnen Bilder (und eventuell Zwischenräume) mit farblich passendem Tonpapier gestaltet um die Farbwahl und den Farbkontrast zum Hintergrund nochmals zu betonen. Es ist ästhetisch reizvoll das Tonpapier zu reißen um ein Gegengewicht zu den streng rechtwinkligen Formaten der Bilder zu schaffen.

Tipp:

- Gerahmt (und vergrößert) ergeben einzelne Bilder einen guten Klassenzimmerschmuck.
- Man könnte die einzelnen Blätter in einer großen Mappe präsentieren, die aus überzogener Pappe und entsprechenden Farbakzenten aus Tonpapier hergestellt wird.
- Mit einer Digitalkamera können Ergebnisse sofort betrachtet und eventuell auch am Bildschirm bearbeitet werden.
- Die Einführung und die Arbeitsphase sollten für verschiedene Tage geplant werden, um den Schülern die Möglichkeit des Aufspürens von geeigneten Gegenständen zu geben.

Pädagogisch-Didaktisches:

- Diese völlig anders angelegte Aufgabenstellung motiviert Schüler.
- Sie entwickeln ein Gespür für Farbqualitäten, Design und Arrangement.
- Sie erkennen, welche (selbstverständlichen) Fortschritte in den letzten 500 Jahren stattgefunden haben.
- Sie lernen im Team zu arbeiten.

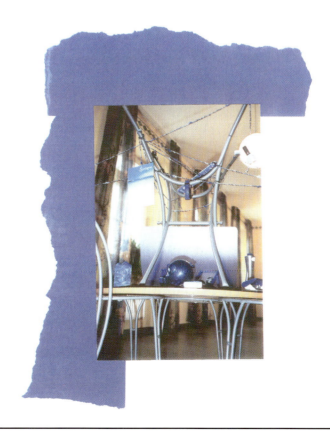

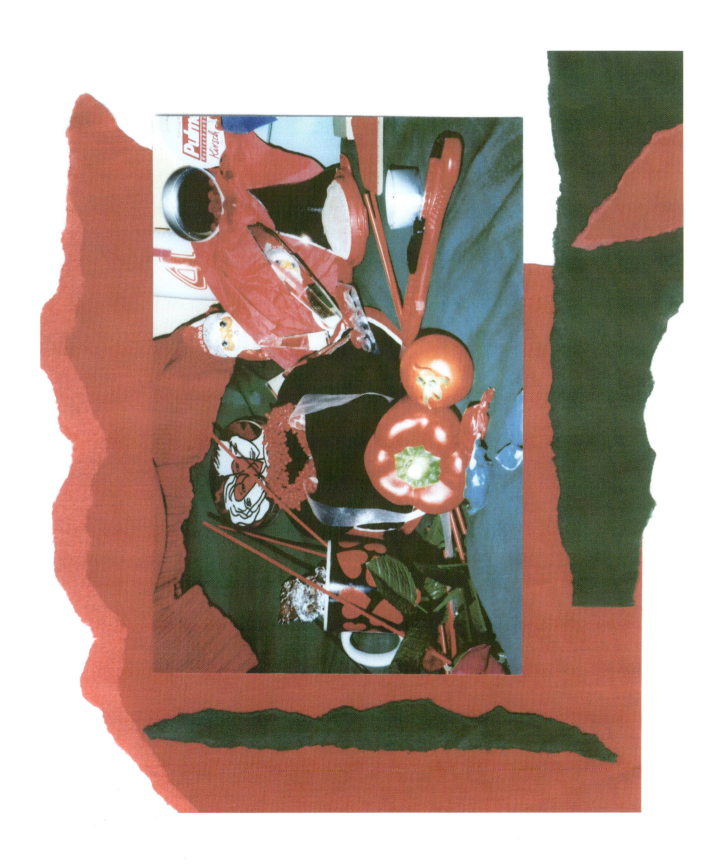

17. Versteinertes Tier aus der Urzeit (Décalcomanie)

Inhalte und Ziele:

G: Kenntnisse über nicht-schriftliche Quellen für den Geschichtsunterricht gewinnen

EK: Erdgeschichte

BI: Evolution

KU: Zufallstechniken (Décalcomanie) kennenlernen
Kombinationen mit der Collagetechnik erarbeiten
Die individuelle visuelle Wahrnehmung schärfen

Zeitaufwand: 3 Doppelstunden

Material:

- Unbedruckte Rückseiten von (glatten) Kalenderblättern in Weiß
- Schwarze Tusche
- Dünner Pinsel, schwarzer Tuschestift oder Fineliner
- Deckweiß
- Schere, evtl. Schneidemesser
- 1 Plastiktüte
- Küchenpapier
- Klebestift
- Schwarzes Tonpapier als Bildträger

Verfahren:

- *A) Décalcomanie (1):*
- Man trägt in geeignetem Abstand zwei Tusche-Kleckse auf das Papier auf.
- Auf dem von der Tusche freien Teil wird in unmittelbarer Nähe klares Wasser aufgebracht.
- Ein zweites Kalenderblatt wird vorsichtig darüber gelegt und mit dem Handballen aufgepresst. Man streicht vor allem in Richtung der Wasserpartien. Durch den Druck fließt Tusche in den Wasserbereich. Es entstehen Ausblühungen und Schlieren.
- Es werden mehrere Versuche gemacht.

- *B) Décalcomanie (2): Klecksografie*
- Ein Kalenderblatt wird mit der weißen Seite nach innen gefaltet.
- In der Faltrille wird Tusche aufgebracht.

- Die Tusche wird in dem wiederum gefalteten Papier durch Druck mit dem Handballen nach außen verrieben.
- Dieser Vorgang wird mit stärker verdünnter Tusche an Stellen wiederholt, die noch verbreitert werden sollen.
- Das Ergebnis ist achsensymmetrisch und kontrollierbarer.

- C) Kombination mit Collage-Technik:
  - *Auswählen:* Man dreht das Blatt so lange, bis sich Assoziationen einstellen, wobei auch mehrere Klecksteile in Kombination zu sehen sind. Nach dem Aus- und Eingrenzen die Teile mit dem Schneidemesser oder der Schere heraustrennen.
  - *Collagieren:* Diese Teile werden auf weißem Papier erneut aufgeklebt. Dabei können sich Teile überlappen bzw. der weiße Untergrund wird zwischen den gefundenen Strukturen stehen gelassen. Auch ein Ineinander-Stecken ist möglich. Es können auch mehrere „Urtiere" aufgeklebt werden.

- D) Zeichnerischer Eingriff:
  - Mit dünnem Pinsel und schwarzem Fineliner, nur wenig verdünntem Deckweiß und Tusche werden Fühler, Zähne, Schnäbel, Haare, Augen, Flossen … betont, deutlicher gemacht und fortgeführt, aber NICHT neu gestaltet.
  Wichtig: Die Zufallsstrukturen sollen gegenüber dem Zeichnerischen dominieren.
  - Durch Anfeuchten des Papiers verfließen die gezeichneten Strukturen etwas.

- E) Gestaltung des Umfelds:
  - Man verwendet dazu bereits erstellte Strukturteile.
  - Man überpinselt zerknüllte Plastiktüten mit verdünnter Tusche. Ein Papierbogen wird aufgelegt und angedrückt.
  Wichtig: Keine kreisenden Bewegungen bei Abdrucken ausführen!
- Das Ergebnis sind pflanzliche, kristalline und Wurzel-Strukturen.
- Mit Messer oder Schere werden wiederum Teile herausgeschnitten.
- Man drapiert sie um die bereits collagierten „Tiere".
- Übergänge werden, falls nötig, noch durch Tupfen gemildert.
  Dazu verwendet man Küchenpapier und verdünnte Tusche.

Tipp:

- Die „Tiere" können auch samt Untergrund grob und unregelmäßig herausgerissen werden.
- Zu scharfe Kanten mildert man durch aufgetupfte Strukturen in Deckweiß.
- Viele „Tiere" können zu einem großen Wandbild montiert werden.
- Reste von Zufallsstrukturen finden Verwendung als Lesezeichen, Ornament auf Namensschildern etc.
- Größere strukturierte Flächen sollte man aufbewahren. Sie ergeben einen orginellen Hintergrund oder Rahmen, z. B. für Einladungskarten.

Pädagogisch-Didaktisches:

- Ideal wäre ein einleitendes/begleitendes Gespräch der Klasse mit dem Geschichts- und Biologielehrer darüber, wie Versteinerungen entstehen.
- Zufallstechniken als „befreiende" Verfahren ermöglichen auch schwächeren Schülern zumindest einen Einstieg in das Thema.
- Die visuelle Wahrnehmung wird durch das Assoziieren gefördert.
- Die Schüler sammeln Erfahrung mit der Kombination verschiedener Techniken.

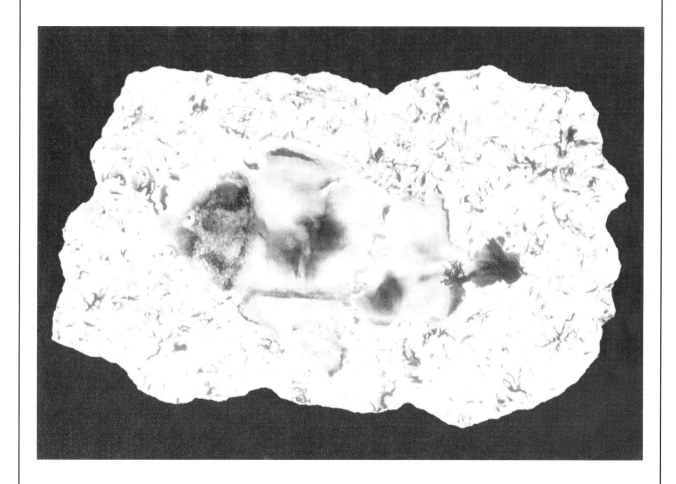

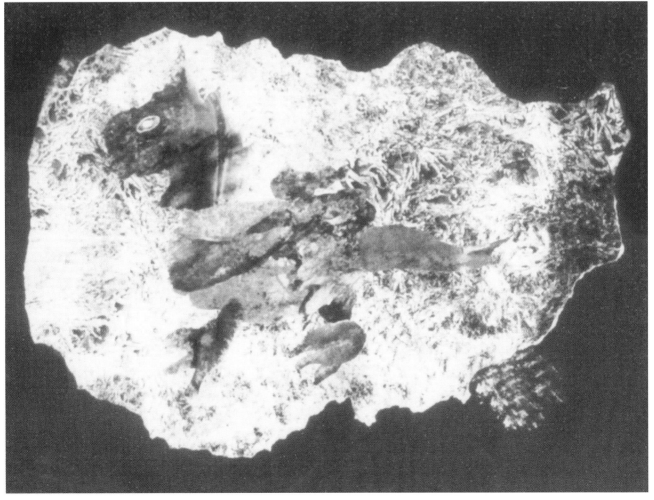

18. Zeitspirale (Nass in Nass)

Inhalte und Ziele:

Alle Fächer: Für Vorgänge, die eine Entwicklung/Abfolge aufzeigen

Beispiele:

G: Entwicklung des Menschen …
Von der Antike zum Mittelalter, zur Neuzeit …

EK: Erdzeitalter
Geologische Schichten entstehen …

BIO: Entwicklung des Lebens

KU: Experimente mit Wachs und Farbe
Akzentuierung durch „Labels"

Zeitaufwand: 2 Doppelstunden

Material:

- Zeichenpapier DIN A 3 weiß, einige Blätter Kopierpapier
- 2 dickere Pinsel
- Deckfarbenkasten
- Zwei Wassergefäße, Küchenpapier
- Reste einer Haushaltskerze
- Filzstifte, Bleistift
- Reste von Tonpapier

Verfahren:

- Mit Bleistift wird eine große Spirale vorgezeichnet. Es ist darauf zu achten, dass nicht zu stark aufgedrückt wird. Man beginnt in der Mitte des Blattes und kontrolliert, dass die einzelnen Bahnen nicht zu eng beieinander liegen. Sie sollen über den Blattrand hinaus verschwinden.

- Mit der Kerze wird die Bleistiftspur mehrmals nachgefahren. Jetzt darf ruhig aufgedrückt werden. Man prüft gegen das Licht, ob die Wachsspuren auch deutlich sichtbar sind. Der Wachsauftrag darf auch fransig und breiter sein.

- Mit einem der Pinsel, dem „Wasserpinsel", wird in ca. 10 cm Abstand vom Ausgangspunkt der Spirale klares Wasser aufgebracht. Dieser Vorgang wird in Abständen von 10–15 cm wiederholt.

- Mit dem zweiten Pinsel, dem „Farbpinsel", wird Gelb im Malkasten angelöst und deckend vom Inneren der Spirale bis zur ersten angefeuchteten Stelle aufgetragen. Es soll in den Wasserfleck hineinfließen.

- Nun muss der Pinsel ausgewaschen werden (zweites Wassergefäß, Küchenrolle). Der oben geschilderte Vorgang – Anfeuchten, Ausmalen, Hineinfließen-Lassen – wird mit Rot wiederholt. Dabei ist darauf zu achten, dass im Bereich der angefeuchteten Stellen orange-rote Übergänge entstehen.
- Sukzessive wird nun die ganze Spirale nach diesem Verfahren ausgemalt. Als Farbabfolge hat sich Gelb – Rot – Blau + Deckweiß – Blau + Schwarz bewährt.

- *Hinweise:*

  Es muss immer mit **klarem** Wasser angefeuchtet werden.
  Das Wasser soll häufig gewechselt werden um eine gute Farbqualität zu gewährleisten.
  Die Farben sollen ineinander fließen und keine deutlich sichtbaren „Nahtstellen" hinterlassen.
  Die Wachslinie, an der die Farbe abperlt, sollte möglichst als seitliche Begrenzung der Farbfläche dienen.
  Die verbleibenden Ecken des Blattes werden kontrastierend mit bereits verwendeten Farben gestaltet.

- *Beschriftungen:*

  Nach dem Trocknen werden Aufkleber („Labels") angefertigt und aufgeklebt.
  a) Man scheidet aus weißem Papier beliebige, am besten amorphe Formen aus und beschriftet sie mit Filzstift. Nach dem Aufkleben werden sie nochmals dekorativ mit dickerem Filzstift umrandet, um ihre individuelle Gestalt zu betonen.
  b) Es können auch vorgefertigte Aufkleber verwendet werden, die man evtl. unregelmäßig zuschneidet oder an den Rändern einfärbt.
  c) Will man deutlichere Zäsuren anbringen, kann mit Formelementen aus Tonpapier gearbeitet werden.

Tipp:

- Man könnte eine Riesen-Spirale für die Pinnwand im Klassenzimmer anfertigen (Gemeinschaftsarbeit).
- Die Farbspirale kann als Vorübung für größere Vorhaben im Kunstunterricht angefertigt und dann in anderen Fächern eingesetzt werden.

Pädagogisch-Didaktisches:

- Die Spirale als Symbol stellt Evolution, Entwicklungen und Ereignisketten sehr einprägsam dar.
- Experimente mit Farbe (Nass in Nass) und Wachs (Papierbatik) motivieren Schüler im Allgemeinen sehr.
- Die Schüler erfahren, dass Beschriftungen nicht immer stereotyp sein müssen und sammeln so Kenntnisse für die Gestaltung künftiger Plakate.

19. Teppich à la nature (Weben)

Inhalte und Ziele:

KU: Freies Weben
Fundstücke aus der Natur und ihre „andere" Bedeutung

BIO: Äste, Zweige, Blätter verschiedener Baumarten

EK: Mineralien

D: (Herbst-) Gedichte

G: Webtechnik der Jungsteinzeit

Zeitaufwand: 3 Doppelstunden

Material:

- Ein stabiles Stück Karton/Pappe (ca. DIN A 3), z. B. Rückseite eines Zeichenblocks
- Schere, Lineal, Bleistift
- Etwas dünnere Schnüre (z. B. Macramé-Material)
- Dicke Schnüre aller Art
- Dicke Häkelnadel, Teppichnadel
- Wollreste in Naturfarben
- Getrocknete Äste, Blätter, Steine, Früchte, Tannenzapfen, Muscheln, Stoff-, Leder-, Pelzreste …
- Ein kräftiger Ast zum Aufhängen des Teppichs (ca. 20 cm breiter als das gewebte Teil)

Verfahren:

- *Herstellen der Web-Gondel:*
  a) Man misst vom Karton seitlich je 2,5 cm an den Schmalseiten ab (späterer Halterand) und zeichnet dann in 0,5 cm Abstand 1 cm lange Striche auf. Dies gilt für die Verwendung sehr dünner Schnüre als Kettfäden. Möchte man mit kräftigerem Garn arbeiten, genügt ein Abstand von je 1 cm oder man benützt später nur jede zweite Einkerbung.
  b) Die Pappe wird jetzt, wie vorgezeichnet, 1 cm tief senkrecht eingeschnitten. Danach führt man zwischen jeweils zwei senkrechten Einschnitten einen diagonalen Schnitt aus, von der Spitze des Einschnitts zum unterem Ende des daneben liegenden, sodass kleine Zähne entstehen.
  c) Nun wird der Karton zur Gondel gebogen, indem man Hilfsfäden rechts und links verknotet um die Form zu halten.

  d) Der Kettfaden wird durch die Zacken um die ganze Gondel gespannt bzw. straff gewickelt und die losen Enden werden auf der Unterseite verknotet. Die Haltefäden können jetzt entfernt werden.

- *Weben:*
  a) Man webt von unten nach oben. Dies kann bei dünnen Kett- und Schussfäden mit einer Teppichnadel, bei dickeren Teilen wie Stoffresten, Ästen usw. durch Einlesen mit der Hand geschehen. Durch die Krümmung der Web-Gondel lässt sich beides leicht durchführen.
  b) Ganz allgemein gilt: Je gröber das Material, desto rustikaler die Wirkung und desto rascher die Fertigstellung.
  c) Nehmen eingewebte Holzstückchen z. B. nicht die ganze Breite des Webstücks ein, muss man bei der nächsten Reihe darauf achten, dass die Kettfäden wieder regelmäßig hochgenommen und abgesenkt werden. Das bedeutet, dass im Bereich des eingewebten Stückes kein Wechsel sondern eine Wiederholung des gleichen Rhythmus' erfolgt.
  d) Man sollte kontrollieren, dass vor allem beim Wenden der Schussfaden nicht zu stark angezogen wird, sonst wird das Webstück schmaler. Da es sich insgesamt um eine sehr lockere Struktur handelt, braucht das Gewebe nur leicht in Form gezogen werden.
  e) Eingewebte Gegenstände sollen/können auch über die Ränder hinausragen.
  f) Um Steine und Muscheln zu befestigen, häkelt man eine Luftmaschenkette aus dünner Schnur umwickelt das Objekt wie ein Päckchen und bindet es auf dem Webstück fest.

- *Fertigstellen des Teppichs:*
  a) Wenn man mit dem Weben am oberen Rand der Gondel angekommen ist, schneidet man die Kettfäden auf der Rückseite der Gondel in der Mitte durch.
  b) Nun prüft man, welche Seite den oberen Rand bilden soll. Dort wird ein kräftiger Ast als Haltestock festgeschnürt. Dazu verwendet man die losen Fäden der einen Seite. Das gibt dem Gewebe Stabilität und dient gleichzeitig als Aufhängevorrichtung.
  c) Herunter hängende Enden im Webstück werden nach hinten ins Gewebe gesteckt und evtl. eingeflochten.
  d) Am unteren Ende werden nun die losen Enden der Schnüre paarweise zu Fransen geknüpft.
  e) Weitere Gegenstände können jetzt noch angebunden werden. So können z. B. kleine Steine auch in die untere Fransenreihe integriert werden.

Tipp:

- Probestückchen oder vermeintlich „Verpfuschtes" kann auf dem Webstück appliziert werden.
- Mit groben Luftmaschenketten werden Akzente und „Linien" aufgenäht.
- Stoffstreifen und Wollfäden können Schlaufen bilden. Setzt man sie mit der Häkelnadel dicht an dicht, bilden sie einen Flor.
- Als Erinnerung an eine Klassenfahrt/einen Urlaub lassen sich Dinge wie Prospekte, Dia-Rähmchen, Ketten, Schnürsenkel, kleine Schachteln … integrieren.
- Anlässlich eines Unterrichtsgangs könnten die nötigen Materialien gesammelt werden.
- Die Gondel kann man mehrmals wieder verwenden.

Pädagogisch-Didaktisches:

- Dieses Projekt gewährt Einblick in eine uralte Handwerkstechnik. Zusammen mit den verwendeten Naturmaterialien vermittelt es ein haptisches und taktiles Erlebnis.
- Der Blick für die Vielfalt der Formen in der Natur wird geschult und ruft naturgemäß zu einen Vergleich mit den genormten Dingen des Alltags auf.
- Weben ist eine ungewohnte und motivierende Art Gegenstände zu präsentieren.
- Unregelmäßigkeiten und grobe Strukturen wirken reizvoll: Somit kommen auch weniger geschickte Schüler zu einem brauchbaren Ergebnis.

Teppich in der Webgondel

Mehr Kreativität im Kunstunterricht!

Bergedorfer® Aktuelle Kopiervorlagen und Unterrichtsideen!

Peter Sommer
Der Mensch als Thema des Kunstunterrichts
40 Kopiervorlagen, DIN A4, mit Lehrerbegleitheft
Best.-Nr. **2356**

Menschen richtig zeichnen lernen – kein Problem! Die Mappe bietet **praktische Hilfen und Anregungen** beim Zeichnen von Personen. Begriffe wie Proportionen, Mimik und Porträt werden den Schülerinnen und Schülern nahe gebracht und in gezielten Übungen erarbeitet.
Anhand von **Beispielen bekannter Künstler** werden verschiedene Gestaltungsmöglichkeiten der Darstellung des Menschen aufgezeigt.

Peter Sommer
Siehst du's?
Sehen und Erkennen im Kunstunterricht – 3. – 6. Schuljahr
40 Kopiervorlagen, DIN A4, mit Lehrerbegleitheft
Best.-Nr. **2358**

Das **Wahrnehmungstraining** zum genauen Beobachten im Kunstunterricht steht hier ganz im Vordergrund.
Darüber hinaus werden auch die **verschiedenen Techniken** der gestalterischen Umsetzung wie Zeichnung, Collage und Frottage erprobt. Ein abwechslungsreicher Streifzug durch die Bereiche Grafik und Malerei, Farbe und Form mit vielseitigen Aufgabenstellungen!

„Der Schrei" nach Edvard Munch

Peter Sommer
Gefühle gestalten im Kunstunterricht
40 Kopiervorlagen, DIN A4, mit Lehrerbegleitheft
Best.-Nr. **2357**

In dieser Mappe finden Sie gestalterische Themen, die sich immer mit Gefühlen beschäftigen. Wie können Gefühle mit **Farben** oder **Formen** ausgedrückt werden? Wie lässt sich Angst darstellen und was sagt die **Körperhaltung** aus? Diese Auseinandersetzung sensibilisiert Kinder für Gefühlsäußerungen und hilft ihnen, Empfindungen oder Stimmungen verbal äußern zu lernen und sich gestalterisch zu öffnen. Durch die Gestaltungsideen zu bekannten Kunstwerken etwa von Picasso, Munch, Haring, Marc u. a. lassen sich alle Sinne mit einbeziehen.

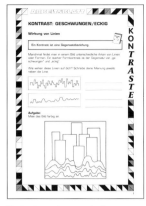

Kontrast: geschwungen/eckig

Peter Sommer
Farb- und Formkontraste im Kunstunterricht
ab 5. Schuljahr
40 Kopiervorlagen, DIN A4, mit Lehrerbegleitheft
Best.-Nr. **2463**

Ein gutes Bild lebt von Kontrasten. Diese Mappe bietet anschauliche Beispiele für eine Reihe verschiedener Kontraste wie geöffnet/geschlossen, eng/weit, hell/dunkel, kalt/warm oder den Kontrast der Komplementärfarben. Die Schüler/-innen lernen **unterschiedliche bildliche Gestaltungsmöglichkeiten** mit Linien und Farben kennen. Begriffe wie Farbkreis, reine und unreine Farben, Qualitäts- und Quantitätskontrast werden anhand von **Darstellungen berühmter Künstler** erläutert und mit gezielten Übungen schülergerecht erarbeitet.

Bestellcoupon

Ja, bitte senden Sie mir/uns mit Rechnung

____ Expl. _____ Best.-Nr. _____

____ Expl. _____ Best.-Nr. _____

____ Expl. _____ Best.-Nr. _____

____ Expl. _____ Best.-Nr. _____

☐ Ja, bitte schicken Sie mir kostenlos Ihren aktuellen Gesamtkatalog zu.

Bestellen Sie bequem rund um die Uhr!
Telefon: 0 41 63/81 40 40
Fax: 0 41 63/81 40 50
E-Mail: info@persen.de

Bitte kopieren und einsenden an:

Persen Verlag GmbH
Postfach 2 60
D-21637 Horneburg

Meine Anschrift lautet:

_____
Name/Vorname

_____
Straße

_____
PLZ/Ort

_____
Datum/Unterschrift

_____
E-Mail

Kunst in der Schule macht Spaß!

Aktuelle Kopiervorlagen und Unterrichtsideen! — Bergedorfer®

Die geometrischen Grundformen beim Hasen

Zerbrochene Eierköpfe

Peter Sommer
Frühling im Kunstunterricht
40 Kopiervorlagen, DIN A4,
mit Lehrerbegleitheft
Best.-Nr. **2365**

Sonnenstrahlen des Frühlings im Kunstunterricht! Bunte Kieselsteine, farbenfrohe Blüten, Falter, Vögel und andere jahreszeitspezifische Themen werden hier kreativ bearbeitet. Die Begegnung und das Experimentieren mit **vielfältigen bildnerischen Techniken** stehen im Vordergrund. Die Arbeits- und Aufgabenblätter sind schon in der Grundschule ab der 3. Klasse einsetzbar, eignen sich aber auch für die Sekundarstufe.

Peter Sommer
Tiere als Thema des Kunstunterrichts
ab 5. Schuljahr
40 Kopiervorlagen, DIN A4, mit Lehrerbegleitheft
Best.-Nr. **2355**

Jeder weiß, wie ein Hase aussieht, doch wenn es darum geht ihn richtig zu zeichnen, scheitern viele. Diese Mappe hilft mit ihren praktischen Tipps und Anregungen beim richtigen Zeichnen von Tieren. Durch das **Reduzieren auf einfache geometrische Grundformen** ist es z. B. ein Leichtes, den Körperbau des jeweiligen Tieres zu erkennen und grafisch richtig umzusetzen. **Folgende Tiere** kommen in der Mappe vor: Pferd, Kuh, Hund, Katze, Schwein, Schaf, Ziege, Hase, Hahn, Huhn, Gans, Igel, Kohlmeise, Schmetterling, Bär und Fuchs.

Bestellcoupon

Ja, bitte senden Sie mir/uns mit Rechnung

___ Expl. _____ Best.-Nr. _____

___ Expl. _____ Best.-Nr. _____

☐ Ja, bitte schicken Sie mir kostenlos Ihren aktuellen Gesamtkatalog zu.

Bitte kopieren und einsenden an:

Persen Verlag GmbH
Postfach 260
D-21637 Horneburg

Meine Anschrift lautet:

_____
Name/Vorname

_____
Straße

_____
PLZ/Ort

_____
Datum/Unterschrift

_____
E-Mail

Bestellen Sie bequem rund um die Uhr!
Telefon: 0 41 63/81 40 40
Fax: 0 41 63/81 40 50
E-Mail: info@persen.de

Mehr Farbe in den Schulalltag!

Bergedorfer® Aktuelle Kopiervorlagen und Unterrichtsideen!

Petra Lange-Weber
Das Abc der Kunst
64 Kopiervorlagen, DIN A4
Best.-Nr. **2261**

Mit dem **„Abc der Kunst"** gelingt der Autorin eine **fesselnde Kombination aus Theorie und Praxis**. „Spielend" gehen die Fachbegriffe in das Vokabular der Schüler/-innen über. Schön gestaltete Arbeitsblätter und eine Kunst-Kartei, die das Wichtigste zusammenfasst, gehören auch zum Repertoire.

Petra Lange-Weber
Farbe in der Schule
27 Kopiervorlagen, DIN A4, 9 vierfarbige Poster
(8 × DIN A3, 1 × DIN A2)
Best.-Nr. **2325**

Bringen Sie neue Farben in Ihren Kunstunterricht! Mit dieser Bergedorfer® Kopiervorlagenmappe liegen Sie goldrichtig! Neben **motivierenden Arbeitsblättern** zur Einführung in die neue Farbenlehre liegen der Mappe neun vierfarbige Poster bei, die auch in der Klasse aufgehängt werden können.

Petra Lange-Weber
Comics in der Schule
Merkmale, Gestaltung, Sprache
52 Kopiervorlagen, DIN A4
Best.-Nr. **2290**

Kinder lieben Comics! Die spielerische und kreative Auseinandersetzung mit **Merkmalen**, **Gestaltung** und **Sprache** von Comics verspricht viel Spaß und Motivation in jeder Klasse! Da bleibt keine Sprechblase leer!

Petra Lange-Weber
Grafische Gestaltung in der Schule
Punkt, Linie, Fläche
68 Kopiervorlagen, DIN A4
Best.-Nr. **2289**

Grafische Gestaltung ist (k)eine Kunst! Auf **Arbeits-, Info- und Aufgabenblättern** wird die gesamte Breite der grafischen Gestaltung in der Schule dargelegt. Die ersten grafischen Arbeiten können schon in der Grundschule ab der 4. Klasse oder ab der 5. Klasse bearbeitet werden. Allerdings gibt die Mappe auch noch bis zur 9. Klasse Möglichkeiten, mit grafischen Mitteln zu arbeiten und die Fähigkeiten zu verstärken. Beginnend bei dem kleinsten Formelement, dem Punkt, zieht sich der gestalterische Faden über die Linie hin zur Fläche. Dabei kommt auch das **spielerische Element** nicht zu kurz.

Bestellcoupon

Ja, bitte senden Sie mir/uns mit Rechnung

_____ Expl. _____ Best.-Nr. _____

_____ Expl. _____ Best.-Nr. _____

_____ Expl. _____ Best.-Nr. _____

_____ Expl. _____ Best.-Nr. _____

☐ Ja, bitte schicken Sie mir kostenlos Ihren aktuellen Gesamtkatalog zu.

Bestellen Sie bequem rund um die Uhr!
Telefon: 0 41 63/81 40 40
Fax: 0 41 63/81 40 50
E-Mail: info@persen.de

Bitte kopieren und einsenden an:

Persen Verlag GmbH
Postfach 2 60
D-21637 Horneburg

Meine Anschrift lautet:

_____
Name/Vorname

_____
Straße

_____
PLZ/Ort

_____
Datum/Unterschrift

_____
E-Mail